AF548157

DEDICATIE

Franz X. Bühler

VAN HET HOOFD IN HET HART

menani

VAN HET HOOFD IN HET HART

menani
Publishing & Sales International
menani GmbH
Eichbergstraße 13 • D-86935 Rott am Lech
Tel. +49 (0) 8869 911 83-0 • Fax +49 (0) 8869 911 83-18
info@menani.com • www.menani.com

auteur:	Franz X. Bühler
lectoraat:	Emilie Bühler, Tilli Bühler, Heidi Gasser, Barbara Wallimann, Dr. Markus Wiggli
foto´s:	istockphoto.com: Nikada (S. 9, 114), tomasworks (S. 94), Christopher Futcher (S. 86), unaemlag (S. 7, 72), IPGGutenbergUKLtd (S. 38), mihailomilovanovic (S. 34), SantonjaCubas (S. 146), irman/ szefei (S. 10, 128), GlobalStock (S. 106), Vorawich-Boonseng (S. 46), shoppercro (S. 56), Studio Grand Ouest (S. 152), STILLFX (S. 134), Ivan Stevanovic (S. 92), George Tsartsianidis (S. 162), masta4650 (S. 169), JanPietruszka (S. 62, 171), alexnika (S. 98), Christian Wheatley (S. 124), kongxinzhu (S. 12), skibrech (S. 18), Ammit (S. 76), jacek_kadaj (S. 166), Therry (S. 42), Wragg (S. 30)
	meer: Prießnitz (S. 142, 175), Gisela Klöck (S. 173)

lay-out & set:	Applevillage Werbeagentur, D. Höfler, www.applevillage.de
druk:	Hoehl-Druck, Printed in Germany

Deel 1, 4e druk, ISBN 978-3-941633-19-3

I. Instellingen, die je vooruithelpen

II. Het grootste warenhuis voor projecten, doelen, wensen en dromen

III. Hulpmiddelen voor success - gemakkelijk, eenvoudig

IV. Juiste inzichten - voor iedere dag

V. Je gedachten - je goudmijn

VI. Rijkdom – meer dan een woord, tastbaar en uitvoerbaar

VII. Wijsheden van grote denkers - begrijpen en in praktijk brengen

VIII. Gewoonten die je laten groeien

IX. Dingen, die het leven vergemakkelijken

X. Uitgever programma

Een roos voor?

Opdat een boek kan ontstaan, zijn er vele medewerkers nodig, direct en indirect. Via deze weg, wil ik ze hartelijk bedanken. Ik bedank Tille, mijn lieve vrouw, die tijdens de schrijfwerkzaamheden vele dagen en avonden alleen moest doorbrengen. Vaak deed ik vanwege de opwinding geen oog dicht en draaide ik onrustig in mijn bed. Zij las het boek met de ogen van de lezeressen en lezers en hielp via interessante en waardevolle ideeën het werk te voltooien. Ik wil eveneens Heidy Gasser bedanken, die mij als ervaren schrijfster en lezeres ter zijde stond. Barbara Wallimann, die met haar grote orthografische kennis meehielp, opdat het boek ook voor kritische lezers zo professioneel en foutloos is, in zoverre mogelijk. Mijn moeder Emilie Bühler die het ontstaan van het boek met de ogen van een correctrice en moeder verslond. Dr. Markus Wiggli, die de tijd nam om met zijn kennis en bekwaamheid het werk af te ronden. Hartelijk dank!

Franz X. Bühler

Hij heeft, in een heel persoonlijk proces, veel meegemaakt en leert niet alleen uit theoretische ervaring, maar ook uit de praktische ervaring in zijn leven. Een van zijn capaciteiten. Die boven alles uitsteekt, is zijn manier om ingewikkelde dingen op een gemakkelijk te begrijpende manier over te brengen. Al meer dan 30 jaar behoort het actief studeren van het leven en zijn wetmatigheden tot zijn grote en fascinerende opgaven. Via verschillende scholingen zoals training van het mentaal, suggestopedie en het intensief bestuderen van het onderbewustzijn, stuitte hij als opleider voor het NLOP ook op kwantumfysica en kwantumpsychologie. Hij vond hier een wetenschap die hem fascineerde en die voldeed aan zijn hoge eisen voor duidelijkheid en doeltreffendheid. Voor Franz X. Bühler is ieder mens uniek en belangrijk. Hij bejegent ze met achting en respect. Hij ziet zichzelf als "de lerende leraar" en niet als meester of goeroe. Hij is overtuigd van de wijsheid van iedere persoon en ziet het als zijn opgave "de ingeslapen capaciteiten" van ieder mens op te wekken, zodat deze levendig van geest blijft. Franz X. Bühler werd bekend door zijn ontelbare individuele coachings, waarin hij vele mensen hielp om gemakkelijk en snel alledaagse problemen en ook problemen met een diepgeworteld karakter, op te lossen.

De buik is een meester van alle kunst

(Persius Flaccus, Romeinse satiricus, 34-62 n. Chr.)

24 uur per dag staan we in het leven. Met onze ogen, oren, neus en onze mond bevatten en begrijpen wij onze omgeving. Enkele van deze ervaringen verzamelen zich in ons hoofd, andere vinden de weg naar ons hart.

En we oordelen: Veel ligt in tegenstellingen. Degene met succes weet dat hij zich iedere dag weer anders moet oriënteren en opnieuw bij moet gaan leren. Dit kan spannend en uitdagend zijn. Iedere situatie verbergt een nieuwe kans, vooropgesteld dat we deze ook werkelijk kunnen en willen zien.

Wat gisteren nog gold, wordt vandaag opnieuw gedefinieerd. En dit vaak zonder onze persoonlijke medewerking.

Dit feit vereist ons verstand en stelt deze en onze bereidwilligheid op de proef om als oprechte mensen de toekomst te beleven en vorm te geven.

Onze ervaringen en inzichten zijn onder andere ook de basis voor een volwassen levenswijze. Op deze manier handelen we alleen met de kennis, die wij met het hoofd herkend en met het hart ervaren en begrepen hebben; dus meer bewust, vanuit de „buik". Dat is goed zo en maakt ons vaak zelfs zelfverzekerder in onze handelingen en activiteiten.

In het boek „Van het hoofd in het hart" leest u over ervaringen, inzichten en successen van medemensen – vaak ook kleine wijsheden – die u voor uzelf, heel persoonlijk, en voor uw levenswijze kunt gebruiken. Hierdoor zult u vaak ook de mogelijkheid zien uw leven anders, mogelijkerwijs zelfs nieuw en succesvoller, vanuit de „buik" vorm te geven. Dit, lieve lezeres, lieve lezer, wens ik u ook toe, uit het diepst van mijn „buik" – sorry – uit het diepst van mijn hart!

Peter Suter, Frick

Hoe je dit boek kunt lezen

Welnu één variant is:
Verslind het van voren naar achter. Neem de doeltreffende ideeën, ervaringen en tips, die gedeeltelijk uit duizenden jaren ervaring voortkomen, over. Laat het diep bezinken en bekijk kritisch de werking en bruikbaarheid in het dagelijkse leven. Of lees het heel eenvoudig van voor naar achteren door, zoals je dat meestal met andere boeken doet.

De tweede mogelijkheid:
Wanneer je altijd al hoopvol naar een handig dag-motto zocht, sla je eenvoudigweg een bladzijde open, want: »Ook toeval kan vaak verrassend verder helpen.«

De derde vorm:
Lees iedere dag slechts één hoofdstuk, wees oprecht en nieuwsgierig naar wat je ontdekt en verheug je vol verwachting op de volgende dag, net alsof je vandaag lotto hebt gespeeld en vol verwachting en erg nerveus op het laatste 6e cijfer wacht. Na een paar maanden kun je het een tweede of een derde keer lezen. Wedden dat je altijd weer dingen ontdekt, die voorheen verborgen zijn gebleven?

De vierde versie...
...is de bibliomantische. Deze heeft iets magisch over zich en is werkelijk alleen voor experimentteergevoelige mensen bedacht. Toch geïnteresseerd?

Zo werkt het:
»Sluit je ogen en stel een duidelijke vraag waarop je heel graag een antwoord zou willen hebben. Houd deze vraag altijd in je hoofd, wanneer je, nog altijd met de ogen gesloten, het boek in de hand neemt en vol verwachting daarin begint te bladeren. Sla hem ergens open, en leg je vinger op een willekeurig punt en open daarna je ogen. Op welke passage ben je gestuit? Waar wijst je vinger op?«

Het kan zijn, dat deze bijzondere passage in het boek je gelijk waardevolle tips geeft, zodat je in je project verder komt. Soms is het de hele paragraat, vaak is het na de hele bladzijde.

Wees oprecht, nieuwsgierig, experimenteer en laat je verrassen! Buitengewone ideeën kunnen een opborrelende bron, een turbo in de ontwikkeling van een mens betekenen. Wie gelooft alles al te weten en dat er niets nieuws meer te ontdekken valt, blijft gevangen in zijn beperkte zienswijze. Je staat heel eenvoudig stil.

Eindelijk liggen zij daar – de rode diamanten, ontdekt, gedolven, klaar om door kundige handen tot leven gebracht te worden. Welke waardevolle "winnaar" verbergt zich onder de ruwe oppervlakt

Zij zitten in ieder mens en zijn vaak bijna niet te herkennen – diamanten, die er slechts op wachten om ontdekt en „geslepen" te worden…

1.

Instellingen, die je vooruithelpen

Winnaar en verliezer - het verschil

De verliezer is altijd een deel van een probleem.
De winnaar is altijd een deel van de oplossing.
De verliezer heeft altijd een excuus.
De winnaar heeft altijd een programma.
De verliezer zegt:
»Dat is niet mijn werk.«
De winnaar zegt:
»Laat mij het voor je doen.«
De winnaar ziet een oplossing in ieder probleem.
De verliezer ziet een probleem in ieder antwoord.
De verliezer ziet een probleem in iedere zandgat.
De winnaar ziet het groen naast ieder zandgat.
De verliezer zegt:
»Het kan mogelijk zijn, maar het is te moeilijk.«
De winnaar zegt:
»Het kan moeilijk zijn, maar het is mogelijk.«
Wat zijn jouw antwoorden?

Toeval bestaat niet

Let op: Vandaag kan één van de spannendste en interessantste dagen in je leven zijn. Je moet namelijk een beslissing nemen: »Bestaat er werkelijk toeval of bestaat deze niet?« Je hoeft niet meteen met JA of NEE te antwoorden. Misschien helpt het volgende inzicht je verder:
Dankzij intensieve studie op het gebied van kwantumfysica kunnen wetenschappers vandaag de dag het volgende bewijzen: »Toeval bestaat niet. Het enige dat bestaat zijn gebeurtenissen met een bepaalde samenhang, waarvan wij de oorzaak veronderstellen, maar die we niet bewust begrijpen!« Dat is frappant! Wanneer er definitief geen toeval bestaat, kun je uit je inzichten en ervaringen conclusies trekken, dat er ergens in je leven en daardoor in je supercomputer met de naam hersenen, bepaalde opslaginhoud moet zijn. Deze trekken zaken aan die je misschien niet leuk vindt, die je anders zou willen zien. Begin nu en bekijk benieuwd de „toevallen" in je leven. Geef jezelf de tijd. Ook ik had meer dan 50 "toevallen" nodig totdat ik als rationele elektronicamonteur uiteindelijk met tegenzin het volgende moest concluderen: »Toeval bestaat niet!«
Vraag: »Wat is je de laatste tijd toevallig overkomen?«

Het verhaal van de adelaar

Er was eens een fantastisch, kleurig gespikkeld adelaarsei, dat in een vreemd, zacht nest viel. Hoewel hij er heel anders uitzag dan de anderen, besloten de kippen na veel heen en weer gepraat het toch uit te broeden.

De tijd verstreek en er kroop een bijzonder kuiken uit. De maanden vlogen om en het kuiken groeide en leerde, wat een „echte kip" is. Op een dag zag de kleine adelaar ver boven zich een grote vogel die majestueus in de lucht cirkelde. »Oh, als ik ook eens zo vliegen kon«, was zijn grootste wens. De kippen kakelden opgewonden: »Dat is niets voor „onze soort". Dat is veel te gevaarlijk, zo hoog kunnen we niet vliegen!«

Of de kleine adelaar zo majesteitelijk vliegen zal leren, hangt alleen maar af of hij gelooft „onze soort" te zijn, of dat hij het eenvoudigweg probeert en zijn krachtige vleugels uitslaat.

In welke mooie en grote dingen geloof jij, die niet voor jou – niet voor „onze soort" bestemd zijn? Wanneer pak je het gewoon aan en doe je het?

Ook de langste weg begint met de eerste stap

Toen ik het idee voor dit boek had, dacht ik: »Wanneer wil je dat in je overvolle agenda nog invoegen?« Maar toen had ik een fascinerende gedachte: »Wanneer ik iedere dag slechts één enkele bladzijde schrijf is het boek ten laatste over 160 dagen klaar!« De gedachte daaraan maakte mijn pols sneller kloppen en een warm en buitengewoon krachtig gevoel zorgde ervoor dat ik vaak meerdere bladzijden per dag schreef en dat het boek veel sneller klaar was dan was gepland!

Het maakt niet uit wat je jezelf hebt voorgenomen, hoe hoog je „bergen" lijken te zijn, waarvoor je op dit moment staat: »Denk, maak een planning en ga vervolgens stap voor stap vooruit. Stap vol vertrouwen en gemotiveerd in de richting van je doel!« En denk eraan: »Een kilometer bestaat uit 1000 stappen, een miljoenenvermogen uit miljoenen euro's. Je hebt iedere stap, iedere euro nodig, om tot het beoogde doel te komen.«

Liefde iets voor dromers

(Liefde als werktuig voor realisten en andere "Dromers"?)

Is liefde de grootste kracht die we kennen? Wat wordt daarmee bedoeld? Alles gaat goed, alles is ok, alles is rosa? Nee! Van iets houden betekent dat je van alle facetten houdt, dat je iets accepteert, dat je daarover niet twist en daaraan niet twijfelt.

Liefde betekent: »Richt al je energie op wat je met je hele hart wilt. Wees bewogen, ja enthousiast erover met iedere vezel, iedere molecuul, iedere atoom van je lichaam. Tril, vibreer en beef van enthousiasme, wanneer je aan je idee denkt! Word zelf je idee – wees je idee!«

Succesvolle mensen vragen zich af:
»Waar houd ik van......? Wat kan ik doen, om .... nog meer, nog intensiever lief te hebben? Wat maakt ...... bijzonder en beminnelijk? Wat versterkt mijn geloof, dat .... mogelijk is?«

Ik ben waardevol

(Een basisgevoel als suggestie die het waard is om na te streven)

De kwantumfysicus Ulrich Warnke rekent ons aannemelijk voor, dat de energiewaarde van slechts 1 gram van menselijke materie, omgerekend de ongelooflijke geldwaarde van 1 miljoen dollar bedraagt!
Welk enigszins verstandig mens kan daarom alleen al materieel gezien – van zichzelf beweren niet waardevol te zijn? Het is duidelijk dat er meer dan dat nodig is. Om je werkelijk waardevol te voelen en van je innerlijke en uiterlijke waarden overtuigd te zijn, moet je een sterk en diep verankerd gevoel hiervoor ontwikkelen, een gevoel dat zegt dat het werkelijk waar is!
De volgende oefening heeft bij velen al ware wonderen verricht: »Vraag jezelf af wat ervoor zorgt dat je voor andere mensen zo waardevol bent. Is het je ervaring, je kennis, je betrouwbaarheid, je inlevingsvermogen, zijn het je capaciteiten? Wat maakt van jou iets heel bijzonders? Welke waardevolle ervaringen heb je al gehad, die anderen (en jezelf) verder helpen?« Schrijf alles op een blad papier en lees deze 60 dagen lang – iedere dag – minstens 3 keer door; één keer daarvan voor het slapen gaan!
Je bent niet alleen dat, wat je vastpakken kan, je bent ook dat, wat zich in je hoofd bevindt. Dit maakt je uniek en waardevol!

Wanneer ik details tolereer, is dat het begin van het einde

(Ralph Krueger, Zwitserse trainer van het nationale hockeyteam)

Een ijzeren discipline is één van de hoofdsleutels voor succes. Op het moment dat je, ook al zijn het maar kleine dingen, laks en meegaand begint te worden, nestelt zich in je onderbewustzijn onvermijdelijk de eerste, gemene saboteur van succes! Een kleine, onopvallende tiran, die heel goed weet hoe het je motivatie dag in, dat uit, steeds meer kan saboteren, totdat deze je op een dag helemaal kapot maakt, en je tot een klein hoopje ellende heeft gemaakt, en je aan de grond zit. Daarom moet je jezelf kleine, bereikbare tussendoelen tellen, omdat je deze consequenter kunt aanpakken en tot een goed einde kunt brengen.

Stel je dagelijks slechts één enkele traptrede ten doel. Werk gedisciplineerd en stop niet voordat je deze hebt vervuld!

Test zelf:
»Welk gevoel krijg je wanneer je aan het einde van de dag terugblikt en ziet, dat je consequent gedaan hebt wat je jezelf had voorgenomen? Ben je dan niet een beetje trots op jezelf? En wat voor invloed heeft dit op je zelfvertrouwen?«

Geloof in het onmogelijke en het onmogelijke wordt mogelijk

(Ralph Krueger)

In ons taalbegrip is het woord „onmogelijk" absoluut en er lijkt geen uitweg te zijn. Maar is dit werkelijk zo? Is het niet precies omgekeerd? In het woord „onmogelijk" zit ook het woord „mogelijk"! En de lettergreep "on" staat bijna altijd alleen voor „zo niet"! Het wordt dan niet "onmogelijk" genoemd, maar „zo-nietmogelijk".

Maar dat is precies tegenovergesteld! Het betekent: »Er bestaat altijd een weg. Maar je hebt deze nog niet gevonden.«

Misschien lukt het je nog niet de vaste overtuiging te hebben die zegt dat het je werkelijk zal lukken? Vraag jezelf dan het volgende af: »Wat kun je vandaag doen, om je overtuiging in 100% succes om te zetten? Mentaal? Actief, door te handelen?«

Is het niet fijn te weten, dat ook andere mensen voor jou al in dezelfde situatie of in een gelijkwaardige situatie gezeten hebben en dat ook zij eruit zijn gekomen? »Alles wat een mens gedaan heeft, kun jij ook bereiken. Omdat je met hetzelfde recept en dezelfde wet werkt, net als alle anderen!«

Heb je een probleem? Goed, je leeft!

(Napoleon Hill)

Waarom hebben zoveel mensen zo'n moeite met het woord probleem? Wil je werkelijk helemaal geen problemen of uitdagingen meer hebben? Ik ken slechts één plaats waar alleen maar mensen zijn die geen problemen hebben: de begraafplaats! Problemen die we overwonnen hebben, maken ons sterk, ervaren en op allerlei manieren nog waardevoller. Bedenk eens: »Je kunt geen probleem – of noem het een uitdaging - hebben, zonder dat in jou al de kiem van de oplossing zit.« Dat is polariteit.

Wanneer je dit weet, kan dit je vertrouwen en kracht geven, zodat je aanpakt in plaats van het te ontlopen of eraan stuk te gaan. Geloof me: »Een probleem ontlopen, geeft helemaal geen resultaat. Ik heb het zo vaak geprobeerd, maar het werkt niet! Ik kwam diezelfde uitdaging steeds en steeds weer tegen, iedere keer weer in een andere vorm, maar in de kern altijd precies dezelfde.« Bind diepgaand de strijd aan tegen het probleem en denk na, welk gedrag je dit probleem gegeven heeft. Erken het en verander! Je zult verbaasd zijn...

Fiasco's?

Voor de meeste mensen zijn fiasco's gebeurtenissen die hen volledig demotiveren, die hen van al hun krachten ontdoen en hen in hun doelstellingen ver achteruit werpen. Nog erger, ze bevinden zich al in zo'n toestand dat hun hele droom als één grote zeepbal uit elkaar zal spatten! Dit moet en mag niet zo zijn!

Een fiasco wordt pas echt een fiasco, wanneer je het resultaat beoordeelt. Oordeel nooit! Fiasco's zijn net zo goed gebeurtenissen als successen. Leer eruit en vermijd hetzelfde resultaat een tweede keer te produceren! Je hele leven bestaat uit alleen „go, no-go" gebeurtenissen. Al toen je leerde lopen, was dat zo. Heb je na de 100e keer opgegeven en gezegd: »Dat leer ik nooit?« Waarschijnlijk niet, anders zou je vandaag nog met schaafwonden op je knieën rondkruipen en scharrelen! Je hebt het een 101e en 102e keer geprobeerd, totdat het lukte.

De volgende instelling helpt je om zelfs uit „fiasco's" kracht te halen: »Beschouw ieder resultaat als een neutraal resultaat, een indrukwekkende en waardevolle investering in je leerproces en je groei. Neem het dankbaar aan, omdat het je verder zal brengen.« De meest gevraagde mensen zijn zij met ervaring. Maar ervaringen zijn niet aangeleerd, het zijn gebeurtenissen met leerinhoud!

Een schip is veilig in de haven, maar daar werd het niet voor gebouwd

Behoor jij tot die mensen, die veel liever in de veilige haven blijven, dan de open wereld van het leven in te trekken? Dan wordt het tijd eindelijk de haven te verlaten. Ontdek de wereld en het leven, dit kan heerlijk zijn! In je steekt een veel betere navigator dan jezelf denkt. Bereid je reis voor, zorg dat je fit bent en pak het aan. Je zult zien dat de omgang met het roer en het zeil gemakkelijker is dan je denkt, en wat je nog niet beheerst, dat leert de reis je.

Geniet van opgezweept schuim, van de wind die in je gezicht blaast en je de adem neemt, geniet van de uitdagingen. Je bent dan dat bepaalde iets, de pikante bijzonderheid, die bij het leven hoort. Ja, je bent veel meer dan dat: »Je bent een echte vriend, zonder wie je niet verder kunt, die je tot nieuwe, onontdekte vertes van het leven zal leiden en begeleiden.« Hijs je zeilen en begin!

Alleen wanneer het onbereikbare wordt nagestreefd, wordt het bereikbare bereikt

Mooie woorden, maar wat gebeurt er wanneer ik de lat te hoog leg en ik het onbereikbare niet bereik? Dan heb je toch gelijk stress? Of niet? Nee! Niet, wanneer je jezelf aan één enkele voorwaarde houdt – en deze is: »Wees iedere keer blij met wat je al bereikt hebt, ook wanneer het niet om een zeer grote doelstelling gaat – en streef verder naar het onbereikbare.«

Grote doelen activeren grote ideeën, kleine doelen openen kleine denkhokjes. Test het zelf. Welke ideeën komen er bij je op bij de vraag: »Wat moet ik doen om in één jaar 10% meer te verdienen?« En wat komt er bij je op wanneer de vraag luidt: »Wat moet ik doen, om in één jaar twee keer zoveel te verdienen?«

Denk dan aan het volgende: »Wat iemand anders voor jou al is gelukt, kun jij ook bereiken! Je hebt dezelfde mogelijkheden, leeft op dezelfde aarde en bedient jezelf van dezelfde universele wetten.«

Wees dankbaar!

Wees dankbaar voor alles wat je hebt, voor je gezondheid, je kennis, je capaciteiten, je omgeving, je vermogen, je baan, je buren, je leven. Wanneer je een wens hebt, vraag dan aan de universele intelligentie, God, Jezus, of welke naam deze dan ook mag hebben, om vervulling. En dan komt nu het belangrijkste:
»Bedank hem ervoor, dat het in je gedachten al een realiteit is, dat het zo is!«

Dat klinkt voor vele mensen nogal ongewoon en vroom. Maar dat is het niet. Kwantumfysisch gezien is het werkelijk de beste tip!

Waarom? Omdat het „bedanken-voor-iets“ – speciaal in de vorm, waarin het „al voorgekomen” is – niets anders is dan het al verankeren van het volledige succesbeeld.

En het beste ervan: »Bedanken voor iets dat voltooid is, is een perfecte vorm van loslaten« – kwantumfysisch gezien!

Ik houd ervan met mensen om te gaan, mensen houden ervan met mij om te gaan

(Hans Peter Zimmermann)

Werk je veel met mensen? Ben jij werkzaam als manager? Is de verkoop je beroep? Doe dan deze test. Het is verbazingwekkend, hoe zo weinig woorden, wanneer zij diep verankerd zijn, een heel leven kunnen veranderen!

Toen ik deze zin maandenlang, iedere dag tot 300 keer hardop uitsprak en mezelf daarbij bijna op de tong beet, gebeurden er wonderbaarlijke dingen. Ik voelde me beter, de mensen benaderden me openhartiger en opener, ik was welkom en ik maakte met verbazingwekkend gemak afspraken. Ik verdubbelde mijn slotquotum – en vandaag de dag heb ik één van de mooiste en spannendste beroepen in de hele wereld: »Ik mag mensen bij hun ontwikkeling helpen.«

Alleen vanwege deze zin? Wie weet? »Wat je uitstraalt, straalt terug!« Beslis zelf.

Een glimlach is de mooiste vorm, om anderen je tanden te laten zien

Of zoals Arthur Lassen eens beschreef: »Een glimlach is de kortste verbinding tussen twee mensen.« G.m.d.a.: glimlach meer dan anderen!
Wanneer we een glimlach op ons gezicht hebben, is alles veel gemakkelijker. Ook wanneer je misschien niet veel zin hebt om te glimlachen: »Glimlach en voel de prachtige werking, die als een balsem voor je ziel is.«
Men heeft ontdekt dat glimlachen meer dan 50% minder spieren vraagt dan het maken van een ernstige, strenge grimas.

Neem je besluit: »Wil je jezelf slecht voelen en je spieren „verkrampen" of wil je je krachtig, gemotiveerd en goed voelen?« Doe vandaag de volgende test: »Glimlach zo vaak als mogelijk. Glimlach naar andere mensen en kijk wat je ervoor terugkrijgt!« In de meeste gevallen oogst je ook een liefdevolle glimlach. En wanneer iemand daarmee niet kan omgaan, is dat zijn probleem, niet dat van jou.

Word van een "yes-butter" een "why-notter"!

(Klaus Kobjoll)

Lang voordat zij zich werkelijk openbaren en hun basisinstelling tot uitdrukking komt, kun je deze al aan hun woorden herkennen! De winnaars zeggen: »Waarom niet…!« …en in hun antwoord klinkt de kans, een begaanbare weg te vinden. Zij zoeken naar oplossingen! De verliezers vinden: »Ja, maar…« …en hun „Maar" werkt vaak als een hamerslag. Bekijk jezelf eens: Verontschuldigingen, uitvluchten en tegenwerpingen beginnen (bijna) altijd met een „Maar".

Neem nu je besluit: »Wil je in je leven iets anders, wil je een nieuwe weg inslaan, doelen bereiken, wensen en dromen laten uitkomen? Of wil je bewijzen waarom dit allemaal bij jou niet functioneert? Wil je succesvol zijn of gelijk hebben?«

Word ook van een „Yes-butter" een „Why-notter", ter wille van je wensen en je dromen!

Ik kan het, het lukt me, ik ben te gek!

(Autosuggestieve Power-Credos)

Heb je jezelf al eens afgevraagd waarom de Japanners iedere morgen hun gejoel en gedans opdragen, of wat er bij de rugbyteams gebeurt wanneer zij een "wilde massa" uitbeelden en hun strijdkreten brullen? Ze brengen zichzelf in de stemming en geven elkaar kracht!

Kun je me een verstandige reden geven, waarom dit bij jou niet ook zou kunnen werken? Het antwoord van de verliezer luidt: »Ja, maar, ik kan dat toch niet doen, wat zullen de anderen wel niet zeggen...« Het antwoord van de winnaar is echter: »Waarom niet...!« Test het zelf en maak pas dan een besluit...

De oefening wordt als volgt uitgevoerd: »Adem diep in, glimlach en zeg vervolgens luid en met de armen in de lucht: „jaaaa, ik kan het, het lukt me, ik ben te gek!"« en dat nog 10 keer... En wanneer je de werking nog wilt opvoeren, doe je het met je/ een heel team. »Wat zijn wij?... Te gek!«

Verliezers zeggen: »Ik probeer het«

Je moet het niet proberen, je moet het gewoonweg doen! In het woord „proberen" klinkt al onbewust de open achterdeur met: »Ik heb het geprobeerd, het is niet gelukt« – om dan op van de zenuwen op te geven.

Wat is niet gelukt? Niets is mislukt! Er is alleen een resultaat aangetroffen, dat je niet verwacht had of dat je niet wilt.

Of heb je ook nog gezegd: »Daar was ik al bang voor?« Nou super, dan heb je al van tevoren een verwachting aangewakkerd, hoe je het niet wilde hebben! Je hoeft nergens bang voor te zijn wanneer je de gebeurtenissen eenvoudigweg accepteren kunt voor wat ze zijn: »Resultaten!«

De winnaars zeggen: »Ik doe het!« en wanneer nie tevreden zijn met het resultaat, dan doen ze het opnieuw, maar deze keer anders, omdat ze geleerd hebben, hoe het niet moet. Wat is dus vanaf vandaag jouw motto, dat je verder zal brengen? »Ja, ik doe het!«

De vrijheid, een dromer te zijn

Veel te vaak doen we dagelijks de moeite om aan verschillende te voldoen verwachtingen van anderen. We spannen ons in om ons zus en zo te gedragen, zoals „het" hoort. Daarbij zouden we allemaal graag een keer uit onze bol gaan, gewoon daarom – zonder reden – een beetje fantaseren en vastgestelde regels breken…

Vaak remmen we ons af en daarbij helaas altijd weer met de alles vernietigende vraag: »Wat zouden de anderen daarvan zeggen?« Weet je: »In de eerste plaats zouden veel mensen graag hetzelfde doen – en ten tweede is het volledig onbelangrijk wat andere zeggen of denken.« Dat is hun probleem. Je mag uit je dak gaan en dromen! Ja, ik zeg je: »Wees af en toe een dromer!« De mensen zullen het leren te accepteren. Door de tijd heen krijg je zelfs het onzichtbare „stempel" op je gedrukt van de dromer. Dat is het beste wat je kunt overkomen! Vanaf nu kun je deze nieuw verkregen vrijheid nemen, wanneer je maar wilt, vrij volgens het devies: »Dat deze dromer zoiets doet, dat is normaal.« Ik geniet in ieder geval van de vrijheid een dromer te zijn. Het enige waar je op moet letten, is het volgende: Kijk uit dat je er niemand schade mee berokkent! (zaaien en oogsten!)

Geen tijd om seminaries te bezoeken, boeken te lezen, je verder op te leiden?

Lees het volgende verhaal:
»Een wandelaar komt een houthakker tegen die probeert een boom te vellen. Zijn zaag is volledig stomp en hij komt nauwelijks vooruit. »Maak je zaagblad toch scherp, dan kun je beter zagen en werk je veel sneller«, zegt de wandelaar. Daarop zegt de houthakker: „Daar heb ik geen tijd voor – ik moet zagen...“«

Wanneer, hoe en waarmee maak jij je „zaagblad" scherp? Wanneer gun je jezelf de tijd je verder op te leiden? Plan het nu en neem je eerste stap, binnen 72 uur. Dit kan een telefoongesprek zijn, waarin je inlichtingen inwint en belangrijke informatie en gegevens krijgt, een spannend boek dat je bestelt, een leuk tijdschrift dat je koopt, een eerlijk compliment dat je bewust maakt.

Wanneer, hoe en waarmee maak jij je „zaagblad" scherp?

Vraag alleen om raad,wanneer je ook bereid bent, deze aan te nemen

Veel mensen vragen anderen om advies. Feitelijk zoeken ze alleen naar de bevestiging dat ze het zelf goed gedaan hebben of het zelfs beter weten.

Het is alsof je in een vol glas nogmaals wijn zou schenken, hoewel het al sinds lange tijd overstroomt. Vergeet het! Het werkt niet. Voordat je iemand om advies vraagt, dien je jezelf af te vragen: »Sta ik open voor dit advies en ben ik er eerlijk in geïnteresseerd? Ben ik bereid het aan te nemen en ets te veranderen?«

Maak je glas met je vooroordelen leeg en bereid het voor zodat je er een nieuwe inhoud in kunt gieten. Je bent niet groot als je denkt alles zelf te kunnen. Je bent groot als je weet, dat je ook „zwakke kanten" hebt zoals alle anderen, en wanneer je bereidt bent nieuwe dingen te leren. En je bent nog groter als je weet dat er zelfs in het gebied waarin je de beste bent, je nog van anderen kunt leren, en wanneer je eerlijk bereid bent dit te doen.

Wat is belangrijker, veel weten of het te begrijpen en het te leven?

Behoor jij ook tot de ongeduldige zoekenden en de verzamelaars? Mensen die vol verwachting boeken verslinden, seminarium na seminarium bezoeken, opleidingen doorlopen, steeds maar advies inwinnen, altijd in de hoop eindelijk hun grote knoop te ontwarren? Ik wed met je dat je het antwoord al lang kent: in jezelf! Ik ken enorm veel mensen, die over een indrukwekkend grote en brede kennis beschikken. Helaas hebben ze het slechts in hun hoofd en niet in hun hart! Zij hebben het weliswaar opgeslagen, maar niet begrepen. Pas wanneer ze het uiteindelijk begrepen hebben, zijn ze een stap verder, want dat wordt namelijk het volgende genoemd: »leven!« Je hebt er helemaal niks aan te weten hoe iets werkt. Je moet het in je fascinerende leven inbouwen, het moet een deel van je worden en moet een deel van je leven vormen.

De volgende vragen kunnen daarbij helpen: »Wat betekent deze kennis voor mij? Hoe en waar kan ik het in mijn leven in praktijk brengen? Wat is de diepere betekenis erachter?«

Eindelijk liggen zij daar – de rode diamanten, ontdekt, gedolven, klaar om door kundige handen tot leven gebracht te worden. Welke waardevolle "winnaar" verbergt zich onder de ruwe oppervlakte?

II.

Het grootste Warenhuis voor projecten, doelen, wensen en dromen

Droom je leven, leef je droom

Om over je droomleven de leiding te hebben, moet je deze eerst dromen, daarom heet het ook "droomleven"! Wanneer heb je voor de laatste keer gedroomd? Niet 's nachts, nee, ik bedoel een "dagdroom". Wanneer heb je op de wolken in de zevende hemel gezweefd, je wereld rozerood en hemelsblauw gezien?

Je moet veel vaker dromen. Daarin liggen meer krachtige bronnen verstopt dan je zelf denkt.

Luister gelijk vanavond naar een ontspannend muziekstuk, ga lekker zitten en maak het je gemakkelijk. Sluit je ogen en stel je voor wat je allemaal zou doen, als er geen geld in het spel zou zijn. Dat je bestaan volledig verzekerd zou zijn en dat je van rente zou kunnen leven. De wereldreis waarnaar je al lang verlangde, ligt achter je en je mag alleen nog de hele dag plezier hebben, wat je meteen doet. Wat zou je doen?

Het grootste warenhuis? Het universum

(Bärbel Mohr)

Er bestaat slechts één „warenhuis", waarin je werkelijk alles kunt bestellen wat je maar wilt: »Het universum!« Je kunt bestellen wat je hartje begeert en wanneer je het op de juiste manier doet, wordt het ook nog geleverd. Maar één ding moet je beslist in acht nemen: »Een bestelling moet helder en eenduidig zijn, anders is het voor de vlijtige wezens op de verzendafdeling moeilijk het juiste te leveren.«

Het interesseert hen ook niet wat je niet wilt, zij willen alleen maar weten wat je wel wilt! »Dat is toch duidelijk« denk jezelf? Dan luister eens naar mensen, wanneer ze een „bestelling" maken. De meesten vertellen altijd alleen wat ze niet willen. Zij willen geen schulden, geen ongehoorzame kinderen, geen rotbaan, geen nare echtgenoot, geen onbetrouwbare secretaresse, geen slecht betalende klanten. Ze bestellen zo altijd precies dat wat ze niet willen hebben. Wanneer je precies weet wat je wilt, schrijf je het op en „stuur" je het weg. Maar frankeer het voldoende, zodat het werkelijk aankomt. Frankeren? Met gevoelens zoals vreugde en enthousiasme
opladen!

Bestellen in het universum - Les 2

Je kunt natuurlijk ook voor de zekerheid je bestelling meerdere keren opgeven. Maar dat is niet nodig wanneer je vanaf het begin genoeg porto op je brief hebt „geplakt"! Iedere dag ononderbroken bestellen is alsof je je bestelling verder met je meedraagt, maar deze niet verzenden zal! Loslaten heet het toverwoord.

Laten we het kort samenvatten:

1. Je bestelling moet op de juiste manier zijn ge formuleerd.
2. Er moet genoeg porto op zitten. (Kracht, vreugde, enthousiasme, motivatie)
3. Stel je voor, hoe het eruitziet, wanneer je de levering zelf in ontvangst neemt.
4. Laat los, vergeet je bestelling, je hebt nu genoeg te doen om het ontvangst-platform voor te bereiden (werk naar het doel toe, werk aan jezelf, aan je resonanties en programma's).

Een wens alleen is niet voldoende

Er moet diep binnenin jezelf het brandende verlangen bestaan, om iets te veranderen. De drang hiernaar komt zoals altijd uit je onderbewustzijn. Het voldoet niet, alleen maar te wensen, dat je onderbewustzijn een andere melodie speelt! Je moet eerst een andere cd inleggen en beginnen om zus en zo te denken en te handelen! Het is niet genoeg om rijk te willen zijn. Je moet je gedrag veranderen om rijk te worden. Het is niet voldoende om intelligent en opgeleid te willen zijn. Je moet beginnen om je verder op te leiden, om te lezen en cursussen te volgen. Het is niet voldoende om liefdevol te willen zijn. Je moet beginnen liefdevol te denken, van jezelf te houden, in andere mensen de beminnelijkheid te ontdekken.
Je wens is het zaad.

Verzorgen en voeden moet je zelf doen!

De kwaliteit van je doel bepaalt de kwaliteit van je toekomst

(Klaus Kobjoll)

Heb je slechts kleine, nauwelijks vermeldenswaardige doelen? Of ben je meer voorstander van absoluut zekere successtrategieën en word je in de tussentijd gedesillusioneerd, krachteloos en zwak, omdat het sowieso alleen bij anderen schijnt te werken? Jammer, want ik kan je verzekeren, je mist iets moois en opwindends in je leven: »Het stellen en het bereiken van persoonlijke doelen en de daarmee verbonden, onbeschrijflijk mooie gevoelens.«

Herinner je je nog wanneer je leerde lopen, je eerste, schuchtere en stuntelige stap, die dag in, dag uit, groter en zekerder werd? Dat is precies zo met doelen. Begin klein. Denk er van tevoren over na in welke droomrichting je wilt gaan – en oefen, oefen, oefen! Doelen zijn klankkasten, die je in je onderbewustzijn opslaat. Wanneer je geen doelen hebt, gebeurt er niets. Wanneer je grote doelen hebt, kunnen er grote dingen ontstaan. Zo eenvoudig is het! Maar je moet het wel "doen"!

Projecten, doelen? Eerst waarom, vervolgens hoe en waarmee?

Je wilt iets aanpakken en verwezenlijken, heb je projecten, wensen, dromen en doelen? Goed! Vraag je dan eerst af: »Waarom? Waarom wil je dat het lukt? Wat krijg je ervoor terug? Welk gevoel krijg je, wanneer je je voorstelt dat het al gelukt is?«

De vraag naar het „waarom" toont je hoe sterk je motivatie vandaag al is om dit doel te bereiken. Deze is de onvervangbare kracht die je op je spannende weg nodig hebt. Vaak stuit je op struikelblokken en andere horden. Dan zul je de kracht van de motivatie nodig hebben om doelgericht verder te gaan. Motivatie haalt zijn wortel uit het antwoord op het „waarom"! Pas wanneer je definitief en duidelijk weet waarom dit doel zo belangrijk is, stel je jezelf de vraag:

»Hoe en waarmee kom ik zeker tot het doel?«

Ben jij ook Mister of Miss 95%?

Toen ik nog in de verkoop van zeer ingewikkelde, elektronische meetapparatuur werkzaam was, gebeurde er iets bijzonders. Het maakte niet uit hoe hoog mijn chef het budget stelde: »Ik bereikte altijd 95%!« Dat zette mij aan het denken. Vandaag de dag weet ik dat het mijn zelfvertrouwen en mijn zelfbewustzijn waren, die me slechts tot prestaties brachten, die altijd net onder het doel lagen. Ik voelde me zelf niet goed genoeg om 100% te presteren. Daar was ik toch niet toe in staat...!?

Sinds ik dit heb erkend, leg ik mijn doelen zo vast, dat de 95% nog altijd minstens 20% hoger ligt dan de resultaten van het vorige jaar en ik plan zorgvuldig om het werkelijk te bereiken. Zo vergroot ik de prestaties constant. En wat heel belangrijk is: »Ik leerde ook genoegen te nemen met 95% want dit is net zo belangrijk – en dat ben ik ook!« Vaak hoef je slechts je „programma" te omzeilen om het al veel gemakkelijker te maken.

Advies voor succes, je doelprogrammeur

(Afgeleid van een Tibetaanse gebedsmolen)

Heb je een doel, een wens, een droom? Goed. Schrijf dan nu alles op, wat je nu al doet om dit doel te bereiken en wat hiertoe actief kan bijdragen: »Capaciteiten, omgeving, kennis, eigenschappen, geld, partner, mensen, boeken, bezochte seminaria en cursussen, installaties, enz.«
Dan teken je een wiel met een grote naaf in het midden. In de naaf schrijf je je doel. De spaken zijn de eigenschappen en capaciteiten enz. die bovenaan ingedeeld zijn. Teken het werkelijk ruwweg en met felle kleuren. Hoe meer afwisseling en schreeuwend, des te beter! Vervolgens plak je het op een stuk karton, knip je het uit, en monteer je het in het midden op een kleine as. Vervolgens doorboor je het zodat het moeiteloos kan draaien. Maak het jezelf gemakkelijk, bekijk geconcentreerd je springerige wiel en zweef met hem weg in de betoverende wereld van je wensen.

Wanneer je nu ook nog je lievelingsmuziek speelt of zingt, verdiept deze doelprogrammeur zich nog verder in je onderbewustzijn!

Nu gaat het stap voor stap – trap na trap – van een precies vastgelegd, bewaard plan in de richting van "succesvol blootleggen van de waardevolle schat".

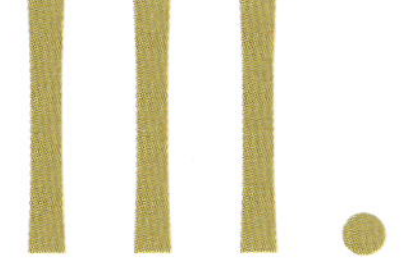

Hulpmiddelen voor success - gemakkelijk, eenvoudig en doeltreffend

Succes is dat wat lukt, wanneer je jezelf volgt

(Klaus Kobjoll)

Ken je het verhaal van de jonge kat die opgewonden zijn staart achterna joeg en altijd in een rondje draaide? Op een dag kwam er een oudere kat bij en vroeg: »Wat doe je daar?« Het jonkie zei: »Weet je, ik heb op de filosofieschool voor katten gezeten, en daar hebben we geleerd dat geluk en succes bij katten in de staart zitten. Wanneer ik dus lang genoeg mijn staart achterna loop, zal ik mijn geluk op een dag kunnen pakken.«

Daarop zei de oudere kat: »Dat is interessant. Ik heb nooit op een dergelijke school gezeten, maar ik heb gemerkt dat mijn geluk me volgt, wanneer ik rechtdoor in de richting van mijn dromen ga!«

De moraal van dit verhaal:
»Je hoeft je geluk en succes niet na te jagen. Doe wat je zeer goed kunt, doe waarvan je droomt, volg je diepste wezen, loop met vertrouwen in de richting van je wensen, je dromen en doelen, en je geluk en je succes zullen je volgen!«

Only what you measure gets improved

(Patrick T. Robson – CEO van een bedrijf dat meetgereedschap verhuurt)

Alleen dat wat je meet, kun je werkelijk verbeteren. Wanneer je niet regelmatig en oplettend controleert waar je nu staat, dan herken je niet, wanneer je van de weg afwijkt. Ja, het komt zelfs vaak voor dat er een beperkend en succesremmend neveneffect ontstaat: »Het ontbreekt je al snel aan motivatie, het aansporende innerlijke vuur, doordat je niet herkent, dat je doel dagelijks dichterbij komt!«

Meten is überhaupt één van de belangrijkste succesfactoren! Iedere verantwoordelijke piloot controleert voortdurend zijn koers. Wanneer hij afdrijft vanwege zijwind, grijpt hij corrigerend in. Het zal bij geen enkele piloot in de wereld opkomen om stug verder te vliegen en op het geplande tijdstip te landen, of er nu een landingsbaan is of niet.

Fazit: »Meten geeft je de mogelijkheid te erkennen en eventueel te corrigeren – en het zorgt voor een onschatbaar, ja onbetaalbaar aanvullend effect: Kracht, motivatie en een brandend verlangen!«

Een recept voor resultaten

- Deactiveer je afleidende resonanties.
  (Ontspan je, stop je denkhokjes van alledag.)
- Activeer je kracht.
  (Verbeter je stemming, je energie.)
- Activeer je doelresonanties.
  (Breng je doelbeelden in gedachten.)
- Concentreer je volledig.
  (Doe alleen dat wat nu belangrijk voor je is, waarmee je vooruit wilt komen.)
- Schakel iedere 60 minuten een loslaatfase in van 10 minuten.
  (Sta op, doe iets anders, gun jezelf een kopje thee, koffie of een glas water).

De 7 trappen naar succes

Was je niet op zoek naar het doeltreffende recept, dat je voor alle projecten van het leven, voor de liefde, voor relaties tot aan geld kunt gebruiken? Die heb je nu gevonden!

Ik garandeer het je: »Wanneer je stap voor stap aflegt, zul je succes ervaren, waarvan je gisteren nog dacht dat het niet te bereiken was.« Maar ik waarschuw je: »Alleen door lezen en wetenschap zul je niets bereiken – je moet het eerst „bereiden"!«

En zo werkt het...

1. IST-Analyse ...waar sta jij?
2. Doel ...waar wil je naartoe?
3. Planning ...hoe kom je er?
4. Oefenen ...wat heb je ervoor nodig?
5. Werk ...van weten naar DOEN!
6. Controle ...waar ben ik naar op weg?
7. Loslaten ...saboteurs van succes uitschakelen!

De 7 trappen naar succes de IS-analyse

Vraag: Hoe wil je je zeiltocht plannen wanneer je niet weet in welke haven je schip vandaag voor anker ligt? Hoe wil je je reis naar succes vastleggen wanneer je niet precies weet, waar je je op dit moment bevindt? Je kunt het vergeten, je hebt geen enkele kans! Iedere stap kan je dichterbij of verder weg leiden van je doel. Je weet het gewoonweg niet!

De kernvraag luidt: »Waar sta je precies? Financieel? Qua familie? Beroepsmatig? Capaciteiten? Bouw je regelmatig je mentale rem af? Stel je je regelmatige dagdoelen, die je in de richting van je hogere doel leiden? Werk je graag? Kun je loslaten? Ben je vaak driftig, nijdig? Maak je je zorgen? Ben je vaak bang voor de toekomst? Ben je eerlijk, volhardend, gedisciplineerd, vol levensvreugde en enthousiasme? Denk je positief en doelgericht? Maak je graag en snel besluiten? Slaap je altijd genoeg? Kun je je zeer goed concentreren? Heb je vertrouwen in jezelf en in anderen? Ben je een organisatietalent, liefdevol, evenwichtig, gezond?«

Breid overige vragenlijsten met betrekking tot je doel uit!

De 7 trappen naar succes mijn doel(en)

Omdat je nu weet in welke haven je levenschip voor anker ligt, kun je verder varen. Nu heet het: »Waar zal mijn reis naartoe gaan? Wat wil je precies? Wat wil je bereiken? Wat is je doel?« In het hoofdstuk „SMART" zul je meer leren over hoe doelen moeten worden geformuleerd, opdat je kansen zo groot mogelijk zijn!

En doe vervolgens nu gelijk iets voor je motivatie. Deze is het vuur dat je voortdurend aanwakkeren moet, zodat je onderweg de kracht hebt, ook heftige stormen te trotseren! En vervolgens stel je je voor, hoe het eruitziet, wanneer je bij je doel aangekomen bent. En heel belangrijk: »Zie jezelf in deze film! Wie deelt deze vreugde met je? Waaraan herken je, dat je je doel bereikt hebt? Hoe voelt dat? Wat hoor je anderen tegen je zeggen?« Kijk nu al naar de blijdschap omdat je je doel bereikt hebt! Hoe groot de doelen moeten zijn?

Dat is heel eenvoudig: »Stel jezelf grote doelen, want je hebt veel kracht!« Kleine doelen verliezen we vaak al snel uit het oog wanneer de eerste obstakels opduiken. Verdeel je doel in vele, kleine etappes: Vuistregel: »Tussendoelen moeten binnen drie dagen te bereiken zijn«

De 7 trappen naar succes
Plannen

Nu wanneer je weet in welke haven je jacht voor anker ligt, de hunkering naar de verte in je begint te borrelen en nu je weet hoe je levenschip is uitgerust, kondigt zich al het volgende duel aan: »Je motivatie tegen je traagheid!« Is dat alles? Kan het niet gemakkelijker?
Wil je nou wel of wil je niet? Wil je? Ok, dan moet je nu gaan plannen. Daarbij kunnen de volgende vragen je helpen: »Wat heb je nog nodig om je doel te kunnen bereiken? Materiaal? Kennis? Relaties? Capaciteiten? Installaties? enz. Hoe en waarmee precies denk je daar aan te komen? Wat kan je helpen om je prachtige doel sneller te bereiken? Welke activiteiten brengen je elke dag een stap dichterbij je doel? Wat is wanneer – hoe belangrijk is dit? (Prioriteitenlijst)? Met wie moet je in deze zaak contact opnemen? Wat moet je nog weten om je planning zorgvuldig uit te voeren? Welke tussendoelen wil je bereiken? Waarmee beloon je je bij het bereiken van deze tussen- en einddoelen?« Je kunt het beste een handige "reismap" samenstellen. Op iedere bladzijde schrijf je één van de bovenstaande vragen en vervolgens: »Vooruit en veel plezier.«

De 7 trappen naar succes
Oefenen

Wanneer je doel zo groot is dat het je vandaag nog een onoverwinnelijke berg lijkt, heb je waarschijnlijk nog enkele capaciteiten nodig die getraind moeten worden. Je gaat toch ook niet een Himalaja-tocht maken, zonder vooraf equivalente, lichtere routes als training gemaakt te hebben. Of niet dan?

Dus: »Wat moet je nog leren, weten, kunnen om je doel met zekerheid te bereiken? En wanneer op je weg heb je deze capaciteiten nodig? Welke overtuigingen heb je nodig om gedisciplineerd door te zetten, en welke suggesties helpen je hierbij?«

Is je lijst klaar? Vooruit dan! Gefeliciteerd, je hebt een andere horde genomen om je schip zeker, ook door heftige stormen, naar de beloofde doelhaven te varen. Opdat je harde training dag in, dag uit, nog veel plezieriger is, vind je hier een ander idee om de prikkel voor je onweerstaanbaar, ja, zelfs magnetisch te maken: »Maak een doelcollage met afbeeldingen, die je hogere doel inhouden. Schrijf de titel ervan bovenaan en „haal" dit beeld iedere dag een paar keer kort tevoorschijn!«

De 7 trappen naar succes
Werken

Wat nu komt, moet zo zijn. Het hoort erbij, als de weg naar het doel; de ene keer moeilijk, de andere keer motiverend. De ene keer ga je naar de top, de andere keer sleep je jezelf, en ga je kruipend, wankelend of heel moeizaam klauterend naar boven. Dit noemen we werken, in praktijk brengen, je levensvisie inblazen en stap voor stap consequent je weg begaan!

Zoals je al weet, is het zeer behulpzaam wanneer je je reis in kleine stappen indeelt. Stappen, die je binnen drie dagen, of in nog kortere tijd, kunt volbrengen. Waarom? Omdat met je volbrachte stap je motivatie toeneemt. Dit is het vuur, dat je onderweg verwarmt wanneer het kil wordt, en het is je krachtcentrale wanneer je de kracht dreigt te verliezen.

En andere gegronde reden om geen strakke tijdfasen in te plannen, is: »Vaste tijdrichtlijnen remmen af, worden kleiner en verhinderen dat je werkelijk kunt loslaten. Zij demonteren je motivatie wanneer je een keer niet „in Time" (op tijd) bent. Het is beter om zonder vaste tijdtrappen en daardoor volledig gemotiveerd en met volle daadkracht gewoon door te gaan.« Vaak bereik je daardoor grote doelen in een derde van de geplande tijd!

De 7 trappen naar succes
Controleren en belonen

Weet je dat slechts ongeveer 3% van de mensen zich als werkelijk succesvol ziet? Tot hiertoe is het je gelukt. Dit bewijst: »Dat je de kennis bezit om daarbij te horen.« Hartelijk welkom op je eerste succesniveau! Op deze bladzijde zul je tegelijkertijd twee werktuigen leren kennen. Het eerste is je belangrijkste navigatieinstrument, en het tweede – jawel – is zogezegd je psychologische dynamiet! Het eerste: Je tussendoel, zoals ook je einddoel, moet controleerbaar en meetbaar zijn! De vraag die je jezelf daarbij kunt stellen, is: »Waaraan herken je dat je weer een stap verder bent gekomen; de volgende opgave op je weg opgelost is, of dat je zelfs al bij je einddoel aangekomen bent?« Controleer dagelijks, waar je je op de weg bevindt.

Het tweede – je dynamiet: Beloon jezelf voor ieder groot, bereikt niveau (denk aan de 3-daagse opgaven!) en stel die beloningen daarvoor al vandaag vast! Zo werkt je onderbewustzijn van beloning naar beloning. Test het en je zult verbaasd zijn!

De 7 trappen naar succes
Loslaten

»Je moet het eenvoudigweg loslaten...« luidt het vaak geuite, stereotype advies. Helaas is dat bijna altijd alleen een andere "klap" in de ware zin van het woord. »Alsof ik dat zelf niet weet! – Hoe kan ik loslaten, wanneer de schulden op me drukken en de schuldeisers mij hier dagelijks pijnlijk aan herinneren? Hoe kan ik loslaten en gezond worden, wanneer de ziekte mij iedere dag toont dat ik altijd nog zwak en zonder energie ben? Hoe kan ik een doel loslaten, wanneer ik alle energie daarin leg en bovendien nog dagelijks moet meten?«

»Laat de gedachte los dat je bij je einddoel aan moet aankomen, zorg dat je in gedachten al bij je doel bent aangekomen! Geef je bestelling in het universum op en vergeet deze, tot de volgende keer. Iets bevechten en iets afdwingen willen, betekent: je verkrampen, het vasthouden.« Je mag je ook goed voelen, wanneer je het doel maar met 90% bereikt – en wanneer het groot genoeg was, loop je nog altijd ver op anderen vooruit! Dit is precies zo met dit boek. Iedere bladzijde was een stap verder, een klein succes!

Andere ideeën voor loslaten vind je op bladzijde 163.

Doelen controleren volgens SMART

(Tad James)

De formule van Tad James „SMART" is simpel en fantastisch eenvoudig, om doelen, wensen en dromen te controleren. Zet nu een deel van je tijd hiervoor in. Het is één van je meest lonende investeringen en zal zich10, of zelfs 100 keer bewijzen!

S = specifiek en helder...	Waaraan herken je dat je doel bereikt is?
M = meetbaar...	Hoe en waaraan herken je, dat je dichterbij je doel komt, bij je doel bent aan gekomen?
A = alsof...	Formuleer je doel, alsof je hem al bereikt hebt!
R = realistisch...	Je verstand moet kunnen geloven, dat het mogelijk is.
T = tijdloos...	Plan wanneer mogelijk alleen voor successtappen in plaats van vaste tijdstappen!

Wanneer de dingen je boven het hoofd lijken te groeien

(„Geassocieerd" en „gedissocieerd" – een inzicht uit het NLP)

Dan kan de volgende oefening doeltreffend helpen. Sluit je ogen en breng het overweldigende probleem op je beeldscherm naar voren in je binnenste bioscoop. Treed nu nog een keer direct in deze belastende film en beleef het opnieuw met alle onaangename details en facetten – heel realistisch. Klap vervolgens luid en stevig in de handen en verlaat op dit moment als een flits deze film. Ga vanuit de deelnamersrol naar de waarnemingspositie! Stel je voor, dat je een vogel of een vlieg bent, die je vanaf 5-10 m afstand in deze situatie aandachtig bekijkt.

En heel belangrijk:
»Zie jezelf in dit beeld!« Verander nu de helderheid, het licht van het beeld op zo'n manier, dat je gevoel steeds neutraler en aangenamer wordt. Dat is heel gemakkelijk, want je bent zelf de regisseur van je film, van je leven. En stel jezelf nu de volgende vraag: »Hoe kan deze persoon (jij), die je net hebt waargenomen, zijn of haar probleem oplossen?«

Met liefdevol, volhardend precisiewerk wordt nu een diamant geslepen, zodat op ieder moment steeds meer van zijn fonkelende, waardevolle kern wordt vrijgegeven.

IV.

Juiste Inzichten - voor iedere dag

Wat positief denken werkelijk is

Vraag andere mensen wat ze met „positief denken" bedoelen en de onderliggende teneur klinkt bijna altijd als het goedpraten van gebeurtenissen en het opzetten van een roze bril, volgens het motto: »Kijk eens, dit heeft toch ook allemaal een positieve kant, je moet alleen maar positief denken, dan komt het wel goed.« Dit is niet waar!

Dit is positief denken in de zin van „beoordelen". Dat kan je weliswaar op dat moment een beter gevoel geven, maar het grenst meer aan krampachtig verdringen en maakt ziek. Je lost geen problemen op die je verdringt of die je goedpraat! Dat lijkt op het eerste gezicht het HUNA-principe „je wereld-is-dat-wat-je-van-haar-denkt" tegen te spreken. Maar dat doet het niet.

Echt positief denken is doelgericht denken! Je denkt aan iets, wat je werkelijk wilt. Bij een doel, wens of droom betekent het dat je met een „zo-wil-ik-hetgraag-hebben"-instelling denkt en niet dat je denkt aan wat je niet wilt. Hoe denk jij? Denk en het is.

Enthousiasme is één van de duurst betaalde eigenschappen ter wereld

Het hele leven is een vorm van verkopen. Of je nu probeert om je partner een idee „te verkopen", je baas te motiveren tot een loonsverhoging, een klant een product aanbeveelt, het is altijd „verkopen".

Van wie zou je eerder iets kopen? Van een knorrige, gedemotiveerde, negatief sprekende verkoper, of een gemotiveerde, openstaande, stralende en enthousiaste verkoper?

Maak nu een lijst met 30 dingen waarvan je in vuur en vlam raakt! Schrijf ze op, verzamel foto's van alles, dat je vreugde geeft en dat je leuk vindt. Daartoe behoren de kleine dingen van alledag, alsook de grote gebeurtenissen. En kijk dan, hoe je je na 20 minuten voelt! Word nu enthousiast van jezelf, van je leven, je taken, je partner en doe alles wat je aanpakt met enthousiasme. Het zal duizend maal doeltreffender zijn!

Je omgeving vormt aanmerkelijk je toekomst

Ja, sterker nog, het is zo dat je omgeving grote kansen verbergt die je toekomst zouden kunnen worden. Je bent vandaag de dag dat wat je bent, op grond van genetische aanleg, opvoeding, ervaringen en belevenissen, je school, je mediakeuze, je verdere ontwikkeling, boeken, televisie en radio, de cultuur waarin je bent opgegroeid en de omgeving waarin je bent opgegroeit.

Dit alles heeft een stempel op je gedrukt en gevormd. Wanneer „vandaag" je niet bevalt, kun je het alleen maar veranderen wanneer je andere „inputs" voor je supercomputer, je brein, kiest. Verander je omgeving en je omgang, kies voor andere media en vervolgopleidingen. Dit leidt je tot andere ervaringen, andere belevenissen en andere mensen. Wanneer je tot de winnaars wilt behoren, dien je je met winnaars te omringen!

Dit betekent niet, dat je alle schepen achter je moet verbranden. Kies verstandig en denk erover na en ga vervolgens je weg, consequent met vreugde en uithoudingsvermogen.

Ik blikte terug en zag, dat uit de stenen op mijn weg de trap naar succes was gehouwen

Zeker, zolang je onder de druk van een massief probleem lijdt, zullen deze uitspraken je niet aanspreken. Toch kan het bovenstaande je prachtige inzichten geven (lees het nogmaals door en laat deze op je tong smelten...) en je op zulke momenten de hoognodige, aanvullende kick geven, om de stier eindelijk bij de horens te pakken en de uitdaging krachtig aan te gaan. Uit ieder resultaat, velen noemen het fouten, kunnen we leren. Iemand die fouten maakt is niet dom, maar is dom wanneer hij dezelfde fouten herhaalt.

Een slimme man heeft eens gezegd: »Wanneer je een succes wilt verdubbelen, moet je het aantal fouten verdubbelen!« Kijk daarom nog eens liefdevol herkennend, terug en vraag jezelf af: »Wat is er uit mijn grootste fout ontstaan? Wat heb je hiervan geleerd? Wat is daardoor positief veranderd?«

Boven is - als onder, binnen is - als buiten

(Hermes)

Je handelt zoals je denkt. Zoals het er binnen bij je uitziet, vormt zich je wereld, je hele leven.

Zijn er dingen die je in je leven anders zou willen hebben? In plaats van vreselijk, wegvretend, besluiteloos en geniepig misschien liever boeiend, en spannend, gedreven door een hartstochtelijk verlangen naar opwinding? Dan moet je vandaag beginnen anders te denken en te doen.

Een waar gebeurd verhaal: »Er was eens een mens, en zijn kantoor zag er net zo uit als in zijn hoofd – één grote chaos! Hij sprong van één idee, van één gedachte naar de andere, werd van hot naar her getrokken en kwam niet tot het juiste resultaat. Pas toen hij met opruimen begon, veranderde zijn situatie zich.«

»Ruim buiten op – en je „binnenste" zal volgen. Ruim binnen op – en je „buitenkant" zal volgen. Het maakt niet uit waar je begint, ruim op en het werkt!«

Niets in de wereld is zo machtig als een idee waarvan zijn tijd gekomen is

(Victor Hugo)

Geen mens kan een idee stoppen, wanneer de tijd daarvoor rijp is. De vraag is alleen: »Wanneer is dat?« Tegenvraag: »Waarom is dat zo belangrijk?« Heb je al eens het gevoel gehad, je tijd vooruit te zijn met je ideeën? En heb je daardoor misschien zelfs geld verloren, omdat je te vroeg de mensen „met iets op wilde zadelen"? Heb je toen opgegeven en je er jaren later over geërgerd dat iemand anders met „jouw" idee rijk is geworden? Jammer!

Je hebt slechts één fout gemaakt: »Je hebt je tijdvoorsprong niet gebruikt en wilde iets afdwingen!« Omdat je al ver vooruit was, had je alle tijd van de wereld gehad om verder aan je idee te werken, deze nog beter en perfecter voor te bereiden.

Op het juiste ogenblik zou je die beroemde, winstgevende neuslengte – of meer – vooruit zijn geweest!

Sterk of zwak, wat is belangrijker?

De meeste mensen zijn van mening pas dan succesvol te kunnen zijn, wanneer ze hun zwakheden uitgeroeid hebben. Dat is niet waar!

Hoeveel energie heb je nodig, om één van je zwakheden slechts een beetje te versterken? En wanneer het je gelukt is, je hard gewerkt hebt en nog een zwakte tot het verleden behoort, voel je je dan super fit en in staat om wereldmeesterlijke prestaties in dit domein te volbrengen? Waarschijnlijk niet... De sterke kanten zijn het hout, waaruit kampioenen gesneden worden! Wie zijn sterke kanten beleeft en dagelijks uitbreidt, hoeft zich qua geld ook geen zorgen te maken. Laten we Michael Schumacher eens nemen. Hij houdt van autorijden, dat kan hij en dat doet hij – of Thomas Gottschalk, die praat als Brugman, maar slecht kan luisteren. Moet één van beiden zich zorgen maken over zijn inkomen?

Er zijn altijd mensen die al over de sterke kanten beschikken, die je bij jezelf zwakke kanten vindt. Vind ze, delegeer deze opgaven en doe dat wat je goed kunt!

Een besluit nemen is één van de belangrijkste bekwaamheden van succesvolle mensen

Of je het nu wil of niet: »Je moet een keer een besluit over zaken nemen, anders doen anderen het voor je.« Wil je dat?

Stel je voor, dat je aan een kruispunt staat en je weet nog niet precies welke weg de juiste is. Leg dan de feiten breeduit op tafel, weeg ze af en beslis! Het maakt niet uit hoe je beslist, want alle wegen leiden tot het doel. De ene misschien over een hobbelige omweg. Op deze kun je gelijk verdere, waardevolle ervaringen verzamelen, die je vast later weer van pas kunnen zijn, want ervaringen zijn de schatten van succesvolle mensen!

Wanneer je geen besluit neemt, blijf je bij het kruisspunt staan en zal daar vandaag nog staan... (*smile) De mensen die besluiten nemen en niet aarzelen, hebben de hele wereld in hun hand! Plan: »De volgende keer dat ik in een restaurant ben, besluit ik binnen 30 seconden wat ik wil eten!«

Wanneer andere mensen boodschappers en spiegels zouden zijn

Boodschappers en spiegels, dat is doch esoterisch geleuter, of niet dan? Weet je het zeker? De wetenschap van de fysica bewijst vandaag duidelijk: »Alles is een vorm van energie, van trilling.« Niets kan in jezelf weerklinken, wanneer er niet een duidelijke „stemvork" beschikbaar is.

De meeste aanhangers van de esoterische leer zijn toch van mening dat de andere je absolute spiegel is en daardoor een duidelijke boodschapper is, van wie je bent en wat je problemen zijn. Dat is niet waar!

De meeste „dingen" die je dankzij andere mensen in jezelf hebt ontdekt, zijn vaak slechts een aanwijzing van één van je denkhokjes. Zij tonen, dat je ergens in een hokje een ervaring hebt gestopt, die je vandaag nog een onaangenaam gevoel geeft – en dat dit hokje nog altijd open staat. That's it! Deze zienswijze wordt pas dan belangrijk, wanneer je deze met een volgende, open instelling kunt aannemen: »Wanneer andere mensen boodschappers en spiegels van mijzelf, van mijn binnenste stemvorken zijn, ben ik dankbaar voor iedereen, die me ergert. Het helpt mij, mezelf te ontdekken en te ontwikkelen. Dank je wel!«

Je bent oud wanneer je meer plezier beleeft aan het verleden dan aan de toekomst

(J. Knittel)

»Om oud te worden, moet je geen principes hebben.« (Börne) »Waaraan herken je dat we ouder worden? Wanneer we stoppen met hopen en we beginnen ons te herinneren.« (Sanders, verzameling) »Niets maakt sneller oud, dan de voortdurende gedachte, dat we ouder worden.« (Lichtenberg, vermiste teksten). Wat denk jij, is ouderdom een kwestie van jaren of van je instelling? Is het een vraag van hoe je eruitziet of van innerlijk vuur? Ken jij ook mensen, die al met 30 jaar oud zijn, wiens vuur van hartstocht gedoofd is, die er net zo uitzien als hun alledaagse dag is – oud en grijs? De treffende mening van vele mensen is: »Je bent zo oud als je je voelt«. Dat is waar! Hoe oud voel je je? Het maakt niet uit wat je antwoord is. Het is nooit te laat!

Maak nu je besluit in je hoofd jong en vitaal te zijn en te blijven. Denk erover na hoe je dat vanaf vandaag in praktijk kunt brengen – en je lichaam zal je volgen!

Goed nieuws: je hebt altijd gelijk!

Je vindt: »Ik heb de liefste en de beste partner ter wereld?« Dan heb je gelijk! Wanneer je denkt: »Het is moeilijk in een recessie een bloeiend bedrijf te starten?« Dan heb je gelijk! »Je vindt: Ook in een recessie hebben goede ideeën een goede kans?« Dan heb je gelijk! Je vindt: »In mijn baan kan ik niet meer geld verdienen. Er is altijd amper genoeg om van te leven.« Dan heb je gelijk!

Je vindt: »Mens, wat heb ik het goed voor elkaar. Ik heb een goede baan, kan waardevolle ervaringen verzamelen, en heb bovendien nog tijd om verder te studeren.« Dan heb je gelijk! Je hebt altijd gelijk!

De wereld, jouw wereld, is die, zoals jij deze ziet. Het maakt niet uit hoe je deze ziet, je zult altijd gelijk hebben! Stemt je dit tot nadenken? Dan heb je gelijk: »Denk erover na!«

6

Succes is...

(Bessie A. Stanley)

»Diegene die succes heeft, is hij/zij ...

... die goed geleefd heeft, vaak gelachen en veel liefde gegeven heeft.

... die het respect van intelligente mensen en de liefde van kleine kinderen heeft verdiend.

... die een hiaat gevonden heeft, die hij met leven vulde en daarmee zijn opgave vervulde.

Of dit nu door mooie bloemen, die hij kweekte, of een volmaakt gedicht of een geredde ziel is gedaan.

... die nooit dankbaarheid heeft gemist en die de schoonheid van onze aarde op waarde wist te schatten, en die niet verzuimde dit uit te drukken.

... die altijd het beste in anderen zag en steeds het beste van zichzelf gaf.

... wiens leven een inspiratie was.

... de herinnering aan hem/haar een zegen is.«

Rampen zijn kansen

Op 11 september 2001 was er een grote ramp. Maar er was ook een kans om enige betrokkenen mensen te helpen met een eenvoudige en effectieve NLP-oefening. Er was de kans, om het vliegtuigverkeer nog veiliger te maken.

Er was de kans om bedrijven te testen en zo te diversifiëren, opdat ze minder gevoelig werden voor risico's. Er was de kans voor vele mensen om anderen in een moeilijke tijd bij te staan, elkaar (eindelijk) weer nader te komen, om te voelen hoe belangrijk het is niet alleen te zijn, om lief te hebben en te worden bemind.

In welke "ramp" zit jij? En welke kansen zitten hierachter verborgen? Wat concludeer je hieruit? Welke beslissingen ga je nemen? Met wie kan je deze de baas worden?

Moet iedereen voorstander van jou en je ideeën zijn?

Dit is een onfeilbaar teken van gebrek aan zelfvertrouwen, een geknakt zelfbewustzijn en een groot gebrek aan gevoel van eigenwaarde! Ben ik te hard? Dat kan zijn, maar toch wanneer je altijd zorgvuldig plant, resoluut aanpakt en consequent doorgaat, bestaan er altijd drie reactietypes:
»Degenen die geen voorstander zijn en het niet willen gebruiken; diegenen, die nog onzeker zijn en aan het eind er uiteindelijk niet voor zullen kiezen; en diegenen die voorstander zijn, die het werkelijk willen en het ook bevorderen.«

Je zult niet alle mensen voor je ideeën kunnen winnen! Vergeet het, het ligt helemaal alleen aan jezelf! Laat je niet beletten in de uitvoering van je fantastische ideeën omdat je naar erkenning snakt. Je kunt het ook resoluut en doelgericht aanpakken, omdat je jezelf bewust bent van je vakbekwaamheid en de waarde van het idee, en omdat je het diepe vertrouwen hebt, dat het gaat lukken. En het bewustzijn, enige anderen - en vooral jezelf - daarmee grote vreugde en een diepe, innerlijke bevrediging te geven!

Het is niet beslissend wie je bent, maar wat je daarvan maakt

Jaag niet na wat je wilt zijn, alleen omdat je er onder de indruk van bent bij anderen. Analyseer wie je zelf bent en waar je goed in bent, wat je absolute sterke punten zijn – en maak daar het beste van!

Een verlamde persoon in een rolstoel kan jammeren en klagen, hij kan medelijden met zichzelf hebben en iedereen zal hem begrijpen. Heeft hij daar wat aan? Maakt het hem gelukkiger? Geeft dit hem het gevoel, dat mensen hem nodig hebben, dat hij waardevol en nuttig is? Hij kan zich ook concentreren op zijn fenomenale doorzettingskracht, zijn onverstoorbare zelfmotivatie, zijn briljante denkprestaties en daardoor één van de meest geliefde en beste motivatietrainers worden. Hij weet wat het is om uit het beschikbare het allerbeste te halen. Je kan het geloven.

Wat „blokkeert" je? Waar ben je heel goed in en waarin kun je nuttig zijn?

Begin niet met een groot plan, maar met een kleine daad

(Spreekwoord)

»De weg naar de hel is geplaveid met goede voornemens«, heeft mijn leermeester eens gezegd, toen ik hem wilde wijsmaken, wat ik mij voor het volgende jaar voorgenomen had. Ik was beledigd: »Gelooft hij dan niet in mij?«

Veel later begreep ik wat hij daarmee bedoelde. Feitelijk nemen we ons zoooveel voor. Vooral rond de jaarwisseling – voor het nieuwe jaar... Met het plan alleen is echter nog helemaal niets veranderd. Het drukt zwaar op ons, want we hebben het verraderlijke gevoel een verandering te maken, terwijl we slechts iets gezegd hebben!

Je weet wel beter! Een plan heeft dan pas een kans om werkelijkheid te worden, wanneer je een eerste, kleine daad volbrengt en je eerste stap neemt! Wat heb je al lang voorgenomen en nog niet aangepakt?

De investering was de moeite waard. Met inspannend precisiewerk werd een fonkelende waardevolle schat tot leven gewekt! Vaak lijkt ons leven „te slijpen“. Toch wanneer we in onszelf en in ons „doel“ geloven, worden we rijkelijk beloond.

V.

Je Gedachten - je goudmijn

Van zaaien en oogsten

(Basiswet van het universum)

Er is geen slimme boer die op het idee zal komen om van een veld, waarin hij liefdevol maïs gezaaid heeft, sappige aardbeien te willen oogsten. Hij oogst altijd alleen maar harde, gele maïs!

Met welke speciale werking een bepaalde oorzaak dan ook voorafgaat, iedere reactie heeft zijn bijbehorende actie. Dat is zuivere fysica. Je kunt niet haat zaaien en liefde oogsten. Je kunt niet denken aan een fiasco en succes opstrijken. Je kunt niet wantrouwen zaaien en vertrouwen verwachten. Je krijgt met trefzekere precisie precies dat terug, wat je uitstraalt, want daar heb je al je verzend- en ontvangstantennes op afgestemd!

Denk alleen nog over het volgende na:
»Wat wil je vandaag zaaien om het morgen te kunnen oogsten? Welke oorzaken wil je vandaag instellen, zodat ze morgen hun werking zullen hebben?«

Mijn onderbewustzijn – mijn tuin

Je onderbewustzijn is als een prachtige, vruchtbare tuin. Alles wat je plant, begint te groeien en te woekeren. En de planten die het meest groeien, zijn zij die je veel aandacht en zorg hebt gegeven.

Wil je je martelende probleem laten groeien? Wil je dat je drukkende schulden blijven groeien? Of wil je dat je succes turbosnel gaat groeien, dat de liefde in je relatie groeit, dat het zo voorspoedig en zo mooi, prikkelend en erotiserend is als nooit tevoren?

Maak je besluit: »Wat wil je groter, sterker, mooier, krachtiger en enthousiaster hebben in je leven?« En maak dan een „Actielijst", omdat alleen met „Weten-wat-je-wilt" er slechts weinig zal veranderen. Je moet het vol vertrouwen aanpakken, en in je „tuin" je zaken liefdevol verzorgen. Wanneer?
Nu natuurlijk!

Denk - en het is

Wanneer je altijd denkt of in één of andere vorm informatie in je brein aanvoert, wordt er in je computer een zogenaamd resonantiemonster ingebrand. Visualiseren vormt je resonanties net zo goed als ervaringen en belevenissen, opvoeding en je omgeving dit doen. De cultuur speelt mee en de keuze van je programmeerder met de naam media, film, boeken, seminaria, doet dit ook. Zij allen vormen je in je hele omvattende zijn. Voordat er iets in je spannende leven kan gebeuren, moet het eerst een bepaalde vorm in je gedachten worden. En hoe intensiever, duidelijker en met hoe meer gevoel je dit doet, hoe doeltreffender je programmeringen zullen zijn!

Voorbeeld: »Heb je een aansporend, zelfmotiverend doel?« Goed, stel je dan voor, hoe het eruit ziet, wanneer je dit doel bereikt hebt. Zie jezelf in deze unieke fascinerende film. En maak vervolgens niet de fout, die de meeste mensen maken: »Kijk eens, ik heb het gevisualiseerd, nu moet het gebeuren.« Nee! De volgende vraag luidt: »Wat kun je vandaag doen, om weer een stap dichter bij dit doel te komen?«

Eerst denken, vervolgens doen!

Gevoelens zijn de grootste krachtbronnen van ons leven

Wanneer je vervolgens vol vertrouwen onderweg bent, heb je wind nodig, veel wind. En wanneer deze eens ontbreckt, heb je een binnenboordmotor nodig en een beetje brandstof. Je gevoelens zijn je brandstof, je wind! Zij zijn de versneller van je prachtige reis.

Maar opgepast:
»Deze krachtbronnen werken in alle richtingen! Of het nu om liefde, vreugde, plezier en enthousiasme of haat, kwaadheid, afgunst en jaloezie gaat; de ene duwt je voorwaarts, de anderen remmen je af of duwen je weer helemaal terug!« Hier is een idee, om je eigen krachtbron te activeren: »Gun jezelf 60 minuten van je waardevolle tijd; zoek foto's met leuke herinneringen en schrijf alles op wat je met plezier doet, wat je motiveert, waarop je trots bent en kijk vervolgens wat er gebeurt...« Deze motivatie-hulp kun je altijd weer doorlezen wanneer de krachtig duwende wind in de rug uitblijft. Zij zijn het die je binnenboordmotor weer in werking stellen, zodat je doelgericht kunt verder reizen!

De belangrijkste persoon in je leven?

Dat is heel eenvoudig. Kijk naar jezelf in de spiegel en je kent deze persoon. Ja, jij bent de belangrijkste mens in je prachtige en spannende leven. En dàt is noch ingebeeld, noch egoïstisch!
Vind je dat beeld in de spiegel werkelijk mooi of behoor je tot de mensen die 's ochtends in de spiegel kijken en zeggen: »Ken ik niet – was ik niet?« »Ja, ja, het is ok. Ik weet toch, dat ik mezelf aardig vind.« Maar is dit werkelijk zo? Heel zeker weten? Dus zoals je bent, met al je eigenschappen? Goed, dan moet de volgende test voor jou heel gemakkelijk zijn:
Begin en vorm eens – voor de spiegel – je mond tot een kus. Kijk in je ogen en zeg heel zacht en vol gevoel: »Ik houd van je (*smile). Wanneer je daarbij vreemde gevoelens krijgt, je mondspieren niet helemaal soepel aanvoelen, dan weet je, dat je op de weg naar eigenliefde nog een stuk te gaan hebt. Hoe kunnen anderen je leuk vinden, wanneer het je zelf niet lukt?

Ook in jou schuilt een winnares – een winnaar

Vraag:
»Zou je aan een race deelnemen, samen met 2 miljoen zeer gemotiveerde deelneemsters en deelnemers, waarvan je vandaag al weet dat alleen de winnaar overleeft en alle anderen zullen sterven?«

»Ik ben toch niet gek!« Vind je? Maar dat heb je al eens gedaan! Er was de race om de bevruchting van de eicel. Je was „de winnaar" en hebt het doel als eerste bereikt.

Gefeliciteerd! In je steekt sinds het begin het winsyndroom. Alleen lijkt het helaas bij veel mensen in feite „te blijven steken" in plaats van vrij rond te stromen. Laat het los. Het moet zich ontvouwen, groeien en zich ontwikkelen. Stel vandaag je persoonlijke „winnaarsalbum" samen en waardeer een keer alle kleine winsten en overwinningen van alledag. Schrijf ze op – en wanneer je niet in een winnaarstemming bent, lees je het door. Je zult zien, het gaat snel weer beter met je.

De grootste kans van je leven - je onderbewustzijn is blind!

Het stuurt automatisch je lichaamsfuncties en laat alles groeien, wat je hem ingeeft. Je kunt het vergelijken met een bandrecorder die zonder bandbreuk loopt en zonder pauzes alles opslaat wat de kanalen van de zintuigen leveren.

Maar wat voor je wensen, je dromen en doelen zeer be angrijk is: »Je onderbewustzijn kan geen onderscheid maken tussen fantasie, realiteit en droom!« Schrikaanjagend? In tegendeel! Dit is de grootste kans van je leven! Geef je super geheugen regelmatig heldere beelden van je doelen – en op zo'n manier alsof je deze al bereikt hebt. Je onderbewustzijn begint meteen omstandigheden te creëren, kansen waar te nemen, beslissingen te nemen, zodat je ingegeven beeld zo snel mogelijk realiteit wordt. Wedden dat...?

Zelfvertrouwen, een thema voor (bijna) alle mensen

Vaak halen we arrogantie en een sterk zelfbewustzijn door elkaar. Het tegendeel is het geval. Daarachter zit altijd een onzeker, kwetsbaar wezen verstopt. Gebrek aan zelfvertrouwen is bijna voor alle mensen een thema – en dit is geen schande! Ook jij was een keer klein en je hersenen leerden daarbij: »Ik ben klein, de anderen zijn groot, ik kan (nog) niets, de anderen kunnen alles.«

Hoewel je vandaag groot bent, zijn je computer en je diep verankerde programma nog precies dezelfde. Het is zeker dat er enige nieuwe dingen toegevoegd zijn, maar helaas werken de andere, geleerde voorbeelden nog net zo als vroeger. Wil je het veranderen?

Zeg jezelf dan dagelijks meerdere keren hardop en met veel gevoel: »Ik heb vertrouwen in mezelf, ik geloof in mezelf en in mijn capaciteiten«. Opdat deze autosuggestie nog sneller en intensiever werkt, zoek je naar belevenissen in je leven, die precies deze woorden bewijzen, maak een lijst en lees deze regelmatig door. Na enige tijd verankert zich zo een nieuw beeld van jezelf – een mens vol vertrouwen in zichzelf!

Mijn onderbewustzijn, mijn bandrecorder, mijn cd, mijn dvd, mijn pc

Wanneer je op een geluidsband de muziek van Louis Armstrong opgenomen hebt, speelt het dan de melodie van Michael Jackson? Nee: »Het speelt Louis Armstrong!«

Wat verwacht je, wanneer je op een DVD een erotische film opneemt? Een rekenprogramma voor kinderen? Nee: »Het is erotisch!« En wat verwacht je wanneer je op je eigen computer een tekstprogramma opslaat? Loopt er dan een boekhoudprogramma? Ja, natuurlijk, er komt een tekstprogramma...

En wat komt eruit, wanneer je in je hersenen, je onderbewustzijn actie, misdaadfilms, moord en doodslag, horrorberichten, negatieve vette krantenkoppen, drama's en komische tv-series opslaat? Een evenwichtig, liefdevol, harmonie uitstralend, gemotiveerd, doelmatig denkend en handelend mens? Besluit wat je wilt hebben en kies dan verstandig!

Wanneer je zou kunnen kiezen, wat voor mens je bent ...

Wie zou je dan kiezen? Zou je een liefdevolle partner zijn? Rustig, evenwichtig en in harmonie? Vol zelfvertrouwen en zelfaanvaarding? IJverig, gedisciplineerd en met groot doorzettingsvermogen? Leergierig en weetgierig? Sportief, gezond en fit? Prettig in de omgang en tolerant? Hard, maar fair, met een duidelijke lijn? Vooruitziend, moedig, gemotiveerd en met een fantastisch geheugen? Die leest en veel weet? Die de mensen liefheeft en ze accepteert zoals ze zijn? Geconcentreerd en creatief? Liefdevol en netjes? Kun je vreugde tonen? Kun je loslaten? Ben je eer ijk? Dat is goed: »Je kunt kiezen...!«

Kies nu, wie je wilt zijn en schrijf het vervolgens liefdevol en zorgvuldig op met woorden: »Ik ben............«.

Lees deze spannende tekst iedere dag twee keer vol vreugde door en stel je voor, wie je bent, wanneer je al deze interessante, geliefde personen zult zijn!

Zelfs de meest waardevolle diamanten stralen pas in volle pracht, wanneer ook in het binnenste van de mens, "de diamanten" fonkelen.

VI.

Rijkdom - meer dan een woord, tastbaar en uitvoerbaar

Is materiële rijkdom jouw/een wens?

(...vele mensen een kernvraag...)

Er heeft eens iemand gezegd: »Geld is pas dan een thema, wanneer je er te weinig van hebt.« Deze pijnlijke ervaring kan ik helaas alleen maar bevestigen. Deze uitspraak heeft me trouwens ook niet veel verder gebracht.

Ten eerste moet je afkomen van je tweeslachtige gevoelens, die altijd opduiken wanneer het om geld gaat. Geld willen hebben, heeft niets te maken met dat ellendige geld. Je leeft nu eenmaal in een cultuur, waarin dit belangrijk is. Geld is niet meer en niet minder dan een neutraal ruilmiddel. Het is een graadmeter van je werk en niet een uitdrukking van intelligentie en hard werk. Geld is leuk en mooi – en wanneer je iemand wilt helpen, denk er dan aan, dat je alleen iets kunt geven wat je hebt, of het nu gaat om geld, liefde of erkenning.

Bodo Schaefer heeft daarvoor een zeer doeltreffende tip: »Vraag jezelf af, wat je „Inkomens-producerende-activiteiten" (IPA's) zijn. Waarmee kun je andere mensen van dienst zijn?« En voer dan iedere dag eerst deze IPA's uit!

Het eenvoudigste principe voor rijkdom

(Basisformule)

Het is zo eenvoudig, dat het bijna lachwekkend lijkt. Onderschat het niet! Er is meer dan dat je op het eerste moment misschien kunt geloven. De formule luidt:

»Geef elke dag minder uit dan dat je aanneemt!« Niet de grote verdiensten maken je rijk, de intelligente omgang met het geliefde geld kan je rijk of arm maken. Zeker, wanneer je schulden hebt en deze eerst moet aflossen, bevind je je op het eerste gezicht in een uitzichtloze situatie. Dan helpt je alleen nog dit: »Analyseer, hoeveel je regelmatig en vast verdient, plan je uitgaven en aflossingen opnieuw en houd je streng hieraan.« En nog een regel die belangrijk is: »Plan het zo, dat je 10% van je inkomen terzijde kunt leggen – ook tijdens de aflossing van je schulden!«

Wanneer je deze weg te lang duurt, kijk dan, hoe en in welke vorm je capaciteiten en ervaringen nog nuttig kunnen zijn; over welke waardevolle activa je nog beschikt en genereer op deze manier meer inkomen.

Wie het kleine niet eert is het grote niet weert

(Volkswijsheid)

Heb je jezelf al eens afgevraagd, waaruit de felbegeerde miljoen bestaat? Ja natuurlijk, uit alleen maar euro's, dollars, enz.

We doen de meest onmogelijk dingen, om uiteindelijk het zeer verlangde miljoen in ons leven te halen. We spelen lotto, roulette, doen mee aan wedstrijden en veel meer.

»Ja, als ik een miljoen zou hebben, dan zou alles helemaal anders zijn. Deze zou ik als een lieve vriend verwelkomen en knuffelen en verzorgen.« Dat is absurd, een absolute grap! En wat is er mis met de unieke valuta – de euro of de dollar? Dat zijn de broertjes en zusjes waaruit de miljoenen bestaan! We behandelen hen als vuil, minachtend. We geven ze achteloos uit, vrij volgens het motto: »Dat kost niet veel, wat is nou 20 euro of dollar?« Wil je werkelijk rijk worden en blijven? Test jezelf dan en kijk: »Hoe behandel jij je kleingeld?«

Sparen is leuk, wanneer ik meet

Het vervelende aan sparen is, dat er niets van uitgegeven kan worden. En we missen de kleine (onnodige) zelfverwenners. Het is zeker dat ik daarvan later iets kopen kan. Zelfs hopelijk! Maar als het zover is en ik koop iets voor mezelf, dan is het echter geen sparen meer. Het is het volledige tegendeel. Ik geef geld uit! Mijn hersenen moeten leren, ook bij sparen plezier te hebben en niet alleen bij het uitgeven! De volgende instelling kan daarbij helpen: »Sparen is niet afzien van, het is het bereiken van een doel op een ander gebied.«

En zo werkt het:

1. Stel voor jezelf een spaardoel vast, waarvan je gelooft, dat je die gemakkelijk kunt bereiken.
2. Verdubbel dat doel, je kunt meer dan je denkt.
3. Teken een meetkolom waarin bovenaan je spaardoel staat.
4. Vul iedere dag in, wat je al bereikt hebt.
5. Stel vast, welke beloningen je jezelf gunt wanneer je 10, 20, 30 % enz. bereikt hebt.

Om rijk te worden moet je de rijkdom in je leven ontdekken

Wil je werkelijk rijkdom in je leven hebben? Werkelijk? En wat is je dit waard? Wat ben je bereid daarvoor te doen? Zeg je nog steeds „Ja"? Ok, dan pakken we het aan! De onontbeerlijke basis hiervoor is dat je een eigen brandend, magisch-magnetisch gevoel voor rijkdom opbouwt en – zoals bij een open haardvuur - hier iedere dag „brandstof" inlegt!

De volgende oefening helpt je daarbij – en is ook nog gratis: »Concentreer je vanaf vandaag iedere dag, waar je ook bent, op de rijkdom om je heen. Bekijk de goed verharde straten, de verkeersborden, de lantaarnpalen, de huizen, de auto's, de sieraden, de kleding, het warme café, de tv, de radio, de bomen die vol met vruchten zitten, het altijd ter beschikking staande eten, de prachtige bloemen, je gezondheid, je capaciteiten.« Let daarop en je zult dit ontdekken: »De wereld is vol rijkdom!« Je moet je eerst diep van binnen rijk voelen, om rijk te worden en dit te blijven.
Ja, ontvlam in jezelf het diepe gevoel van rijkdom!

Ik ben een waardegenerator

Wanneer je voor je baas een ingewikkeld werkstuk maakt en hij daarvoor meer geld krijgt, dan dat hij voor materiaal en werk uitgegeven heeft, dan heb je een waarde geproduceerd. Wanneer je je klant een super product verkoopt, waarmee hij gelukkiger is en zich waardevoller voelt, dan wanneer zijn geld nog op de bank zou staan, dan ben je een waardegenerator. Wanneer je iemand helpt, hem zo goed mogelijk advies geeft en hij daarvan veel meer nut heeft, dan dat waarvoor hij je betaalt, dan ben je een waardegenerator. Wanneer je een prachtig schilderij maakt en de koper daarvan meer plezier heeft dan wanneer hij zijn geld zou sparen, dan ben je een waardegenerator. Maak jezelf vandaag van het volgende bewust: »Waarmee genereer jij waarde? Wat maakt je werk zo waardevol voor anderen?«

En wees dan blij en zeg 100 keer hardop en duidelijk: »Ik ben een waardegenerator!«

VII.

Wijsheden van grote denkers - begrijpen en in praktijk brengen

You are what you think, all day long

(Henry David Thoreau)

»Met welke instellingen en gevoelens zou je graag morgen leven? Hoe zal je toekomstige leven eruitzien?« Om morgen het spannende en gevulde leven te leiden, die je zeer intens wenst; om de geliefde mens te zijn met veel aanbidders, die je graag wilt zijn; moet je daar vandaag aan beginnen te denken!

Maak dus nu een besluit:
»Wie en wat wil je zijn? Welke instellingen en gevoelens helpen je daarbij?« En vraag je dan vervolgens af: »Wanneer in je leven heb je deze instellingen en gevoelens al eens eerder gehad? Welke mensen ken je, die zo zijn, die je graag wilt zijn? Hoe ziet de dag van morgen eruit, wanneer het naar wens verloopt?«

En nu nog een super tip: »De dingen, die je voor het slapengaan overdenkt, werken 's nachts door. Zij verdiepen en verstevigen dit!« Gebruik deze waardevolle kennis!

Het verhaal van een sinaasappel

Nadat een leerling in optracht van zijn leraar zonder succes geprobeerd had om sinaasappels op de markt te verkopen, kwam hij volledig gedemotiveerd terug en klaagde boos over de mensen die zijn sinaasappels niet wilden kopen. De leraar schudde zijn hoofd en vroeg de leerling: »Wanneer ik deze sinaasappel uitpers, wat komt daar dan uit?« »Sinaasappelsap natuurlijk«, antwoordde deze. »Juist – en wanneer ik er met een hamer op sla, wat komt er dan uit?« »Ook sinaasappelsap«, knorde de leerling. »... en wanneer je muilezel erop gaat staan, wat krijg je dan?« »Er zal altijd sinaasappelsap uitkomen«, antwoordde de leerling zichtbaar opgewonden. Daarop antwoordde de leraar met een rustige stem: »De sinaasappel beantwoordt altijd met dat wat erin zit; altijd gelijk, wat er ook wordt toegevoegd. Zet een mens onder druk. Reageert hij met haat, nijd of jaloezie, dan is dat wat er binnenin hem zit.« Wat komt er bij jou uit, wanneer je onder druk staat? Opdat er liefde uitkomen kan, moet je eerst jezelf liefhebben en jezelf leren te accepteren. Een zin die je daarbij helpen kan, is de suggestie: »Ik heb mezelf lief en ik accepteer mezelf.« Zeg deze 6 maanden lang, iedere dag 50 keer luid en duidelijk op en wees blij!

Geloof doet bergen verzetten

(1 Korintiërs 13,2.)

Friedrich Schiller zei al: »Alles wankelt, waar het geloof ontbreekt.«

Ik bedoel hier niet het geloof in religieuze zin. Geloven betekent ook, van iets intensief en vast overtuigd zijn, zonder de geringste twijfel! Twijfel is de geluidloos naderende verstoorder van grote ideeën! Doe daarom alles wat je geloof in het succes van je project kan versterken, in welke vorm dan ook.

En hier is nog een tip: »Voordat je met iemand over je grote doel spreekt, moet je het in jezelf versterken en verankeren!« Iedere wens, iedere droom, ieder doel is het begin van een jonge plant. Op dat moment kunnen twijfels, bedenkingen en „welgemeende" adviezen van anderen het gemakkelijk verstoren. Voordat je je uit, stel je jezelf de volgende vragen: »Waarin moet je kunnen geloven, zodat het mogelijk is je doel te bereiken? Wat kan er verder nog toe bijdragen? Wanneer en waar heb je al over deze capaciteiten, deze kennis, deze bronnen beschikt?«

Vrijheid is de mogelijkheid, eigen doelen te verwezenlijken

Leven we niet in een fantastisch leuke tijd? De hele wereld ligt aan onze voeten. Je kunt waar dan ook naartoe reizen, ieder soort werk aannemen, de ideeën verwezenlijken die belangrijk voor je zijn. Wat je daarvoor nodig hebt? Kennis en capaciteiten!

Kennis is de hoofdvoorwaarde om iets te doen. Maar je hebt pas "capaciteiten" door moedig op te treden. Dat is toch grandioos! Bijna alle kennis van de wereld ligt aan je voeten. Ga naar de dichtstbijzijnde bibliotheek en je zult aan je hele leven niet genoeg hebben om alles te kunnen lezen wat daar staat geschreven. Surf op het internet en je kenniswereld groeit naar verdere hoogtes! Je hebt de vrijheid gelijk vandaag daarmee te beginnen, te besluiten over je doelen en deze aan te pakken en te verwezenlijken. Wie behalve jij kan je daarvan afhouden? Doe het nu!

Alleen zijn we woorden, samen zijn we een gedicht

Een symfonie bestaat uit duizenden noten. Alleen zijn het eenvoudig tonen, maar samen zorgen ze voor een volledige, prachtige en harmonische compositie. Wanneer je alleen bent, ben je als een welluidende belangrijke toon in het universum. Zonder jou zou in dit muziekstuk iets ontbreken!

Maar je kunt je alleen ontplooien wanneer je jezelf als deel van dit geheel ziet. Hoe? Je bijdrage aan dit wonder ligt verborgen in je capaciteiten en gaven. Ontdek ze, begin deze prachtige diamanten te polijsten en te slijpen en zorg dat ze gaan stralen!

En het beste ervan: »Je zult zien, wanneer je je ware potentieel, dat sinds je geboorte als meesterwerk in je verborgen ligt, uitput, zullen de meeste problemen zich vanzelf oplossen.«

Als je eet, dan eet, als je gaat, dan ga als je loopt, dan loop

(Zen wijsheid)

Maar dat doe ik toch al. Weet je het zeker? Heel zeker weten? Is het niet meer in de trend van: Wanneer je bent, dan denk je al aan gaan – en wanneer je gaat, dan denk je al aan lopen? Doe dat, wat je doet heel bewust en geconcentreerd – en alleen dat! Wat voor resultaat je krijgt? Concentratie zorgt voor snellere, preciezere resultaten, de kwaliteit van je werk neemt toe en je krijgt extra voordelen zoals inwendige rust, je leeft gezonder en je hebt meer tijd! En tijd is precies dat wat vandaag belangrijker is. Het is de moeite waard de tijd op deze manier beter te benutten.

Je denkt dat wanneer je meerdere dingen gelijktijdig doet, je sneller vooruit gaat? Helemaal verkeerd!

Doe eens de volgende test: »Verwijder alle dingen van je bureau die je op het moment niet nodig hebt, en leg er alleen op waaraan je op dit moment werkt.« Je zult vaststellen dat je veel doeltreffender en sneller zult zijn!

Ik was niet arm, alleen gebroken, arm zijn is het innerlijke beeld

(Mike Todd)

»Gebroken zijn is een tijdelijke situatie...« Om een vast verankerd inwendig beeld te veranderen is moeilijker, dan na het vallen weer op te staan en het nog eens aan te pakken!

Ken je de uitspraak: »De rijken worden rijker, de armen altijd armer.« Waarom? Omdat beide, rijkdom en armoede, een vraag is van inwendige instelling en geen omstandigheid van buitenaf is. De rijke moet zijn rijkdom dagelijks net zo „verdedigen" als de arme zijn armoede!

De gewenste verandering kan alleen maar van binnenuit jezelf komen. Hoe? Bekijk dagelijks: »Hoe gedraag je jezelf met betrekking tot geldsituaties op dit moment, en wat heb je besloten?« Analyseer zorgvuldig en eerlijk – en verander vervolgens deze film in je gedachten zo, alsof je het al goed gedaan hebt. Je zult met verbazing ontdekken, dat je jezelf de volgende keer in dezelfde situatie anders zult gedragen. Of dat je je van je "oude" gedragsrol tijdens je handelingen bewust wordt.

Vandaag is mijn beste dag!

(Boek van Arthur Lassen)

Een slim mens zei eens: »Iedere morgen als ik opsta, heb ik de keuze gelukkig te zijn en plezier te hebben of ongelukkig te zijn en me slecht te voelen. En omdat ik niet dom ben, kies ik ervoor gelukkig te zijn!«

Misschien denk je nu: »Zo gemakkelijk is dat niet. Hij kan wel wat zeggen. Wanneer hij mijn zorgen zou hebben, dan zou hij ook niet gelukkig zijn.« Vraag: »Wanneer kun je beter met zorgen en problemen omgaan? Wanneer je jezelf krachtig en gelukkig voelt, of wanneer je futloos en moedeloos over oplossingen nadenkt?« Natuurlijk, wanneer je vol kracht en levensvreugde bent! Dat maakt je probleem weliswaar (nog) niet kleiner, maar het verandert je instelling en je omgang. Alleen zo zal het je lukken het roer om te gooien, en de juiste weg in te slaan.

Hoe? Maak een lijst van zaken, successen, die je er weer bovenop helpen en motiveren. Lees ze dagelijks een keer door, beleef in gedachten nogmaals deze prachtige, krachtgevende momenten – of lees mijn "iPowerboek".

Neem je tijd!

Neem je tijd om te werken,
het is de prijs van je succes.

Neem je tijd, om na te denken,
het is de bron van je kracht.

Neem je tijd, om te spelen,
het is het geheim van de jeugd.

Neem je tijd om te lezen,
het is de basis van kennis.

Neem je tijd om vriendelijk te zijn,
het is de poort naar geluk.

Neem je tijd om te dromen,
het is de weg naar de sterren.

Neem je tijd om lief te hebben,
dit vormt de ware levensvreugde.

Neem je tijd om vrolijk te zijn,
het is de muziek van de ziel.

Neem je tijd!

Leven betekent leren van de natuur

(Ute Latendorf)

Van de zon leren – om te verwarmen,
Van de wolken leren – om te zweven,
Van de wind leren – om impulsen te geven,
Van de vogels leren – om hoogte te winnen,
Van de boom leren – om standvastig te zijn.

Van de bloemen – om te leren stralen,
Van de stenen – om het zijn te leren,
Van de bladeren in de lente – vernieuwing leren,
Van de bladeren in de herfst – het loslaten leren,
Van de storm – de hartstocht leren.

Van de regen leren – om je uit te wasemen,
Van de aarde leren – moederlijk te zijn,
Van de maan leren – om jezelf te veranderen,
Van de sterren leren – één van velen te zijn,
Van de seizoenen leren – dat het leven altijd verdergaat,
altijd weer opnieuw begint…

In onze wereld bestaan geen outsiders

(Dr. Josef Murphy)

Voel je je nutteloos, ontbreekt het je aan een dak boven je hoofd en vind je dat „het toch allemaal geen zin heeft", denk dan aan het volgende: »In onze wereld bestaan geen outsiders. Ieder mens heeft in onze wereld zijn plek.

Ook jij wordt gebruikt! Ontdek, wie en ook hoe ze je capaciteiten gebruiken en maak dan je beslissingen!« Het zijn je eigen zeer bijzondere capaciteiten die gevraagd worden – niet je zwakheden! Vraag je nu gelijk af – en schrijf op: »Wat kun je bijzonder goed? Waarin ben je sterk? Wat maakt dat je zo waardevol bent?«

Ieder mens, hoe speciaal hij ook mag zijn in je ogen, is een onderdeel van het geheel. Hij heeft het geheel nodig! Al is het alleen, dat je jezelf en anderen daarmee ontwikkelen kan!

Het geduld van deze bamboebouwer is niet voor niets geweest. Groot, krachtig en mooi staat zij daar. De beloning voor vier lange jaren van liefdevolle zorg.

VIII.

Gewoonten die je laten groeien

Just do it!

(Nike)

Pak vandaag je belangrijkste, onaangenaamste en beklemmendste zaak aan. Een zaak die je in het verleden veel energie heeft gekost, je vaak hinderde, je zelfs lam legde, die je al veel te lang met een onbehaaglijk gevoel voor je uit hebt geschoven. Denk eraan en verdeel het onder in kleine, uitvoerbare acties. En dan pak je deze vastberaden aan en beloon je jezelf na het uitvoeren van ieder gedeeltelijke actie!

Kijk nieuwsgierig aan het eind van de dag terug en geniet van het aangename warme kriebelende gevoel in je buik, dat trotse, bevredigende gevoel, een effectief mens te zijn. Je bent van iemand die nooit iets onderneemt, een ondernemer geworden! Heel hartelijk gefeliciteerd!

Het recept heet: »Doe het!«

Wat kan ik vandaag doen om in de richting van mijn doel te gaan?

(De sleutelvraag van succesvolle mensen)

En wanneer het naast je vele belangrijke en beslist noodzakelijke bezigheden slechts een kleine stap is, maak deze dan. Ga iedere dag met vertrouwen een stap verder in de richting van je motiverende en energievolle wensen, dromen en doelen.

Begin deze unieke stap meteen wanneer je 's ochtends opstaat of nog beter, de avond ervoor, en voer het uit, precies en consequent!

Wanneer je dagelijks diep in jezelf kijkt hoe je nader komt tot je fantastische doelen, zorgt dit voor ongelooflijke en onvermoede krachten.

Je zult zien, dat er al na korte tijd een gespannen, verwachtingsvolle, ontembare kracht in je groeit en dat je nauwelijks kunt wachten om de volgende successtap te plannen en te nemen!

Geef nooit – nooit – nooit op!

(De kortste redevoering van Churchill)

Op het moment dat je opgeeft, dat je stopt verder te zoeken en in een oplossing te geloven, ploft het geheel met veel kabaal in elkaar. Velen zullen je begrijpen – ja ze praten misschien zelfs nog op je in, opdat je eindelijk inziet dat er iets niet functioneert. Je hebt je krom gewerkt, alles gegeven, je tot uitputting opgeofferd. Je hebt ze allemaal bewezen, dat het belangrijk voor je is. Nu moet je met een goed geweten durven opgeven.

Of niet? Nee – doe het niet! Wanneer je nu opgeeft, vernietig je een deel van je zelfvertrouwen en je gevoel van eigenwaarde. Het maakt niet uit wat het je al heeft gekost, dat waren investeringen in je opleiding! Wil je dat ze voor niets zijn geweest?
Niet op te geven wil niet zeggen, dat je iets afdwingen moet. Het kan zo zijn: »Wanneer deze weg je niet naar het doel voerde, dan is er een andere weg. Er is er één – vind deze!«
Zoek eens uit, wie dit probleem, deze uitdaging al eens eerder heeft opgelost, en vraag vervolgens deze mensen om raad.

Geduld, een vaak vergeten deugd...

(Verkort voorbeeld Bamboe uit het boek "De wetten van de winnaar" van Bodo Schaefer)

»Een bamboe planten vraagt om een lange vooruit planning en vertrouwen. De bamboekweker graaft eerst zorgvuldig de spruiten in de aarde. Vervolgens bedekt hij de aarde met hooi. Iedere morgen besproeit de kweker de nog onzichtbare spruiten. Hij verwijdert het onkruid en spit de grond om. Iedere ochtend – gedurende vier lange jaren, waarin hij zijn spruiten niet ziet, waarvan hij niet weet, of zijn moeite wordt beloond, en ook niet weet of zij nog leven. Eindelijk, aan het einde van het vierde jaar, komen de spruiten door de aardoppervlakte heen. En dan groeien ze in slechts 90 dagen tot 20 meter hoog!«

Waarop wacht jij? Wat heb jij gezaaid, zonder precies te weten, wanneer en of het zal ontkiemen?

Ga door, houd moed, zorg en vertroetel je zaad en verheug je op de dag, waarop het je voor de eerste keer zijn jonge punten toont, en vervolgens met tomeloze kracht "uit de bodem schiet!"

Tijd is mijn meest waardevolle bron

Het enige wat we in ons leven werkelijk "verliezen" kunnen, is tijd. Wanneer het eenmaal weg is, blijft het onherroepelijk verloren! Tijd is leven. Tijd is onze massa voor het bestaan! Vertaal eens de uitdrukking "tijd" met het woord "leven" en oordeel zelf: »Ik heb geen tijd. Tijd verliezen.« Die zouden worden: »Ik heb geen leven. Leven verliezen.«

Pareto's 80/20e regel brengt het op dit punt: »We bereiken bijna altijd met 20% inspanningen 80% van de resultaten. In 20% van de tijd bereiken we 80% van het productieve werk. Met 20% van de klanten bereiken we 80% van de omzet. In 20% van de tijd winnen we 80% van de ervaringen.« Stel je voor, wat mogelijk zal zijn, wanneer je slechts 50% van je tijd in je leven op de juiste manier gebruikt! De vraag is alleen: »Hoe kun je het zelf veranderen?« Ik heb gemerkt dat altijd, wanneer ik de volgende zin 50 keer 's ochtends en 50 keer's avonds voor me op zei, ik mijn tijd automatisch beter begon te gebruiken.

»Tijd is mijn waardevolste bron, daarom gebruik ik deze zorgvuldig voor activiteiten, die tot resultaten leiden.«

Spreken is zilver

(Gedeelte van een volkswijsheid)

En zwijgen is goud, zegt het spreekwoord. Dat kan in vele gevallen kloppen, maar in net zoveel gevallen is het volledig verkeerd. En het spreekt de gezamenlijke kwantumfysische kennis tegen! Het echtpaar dat iedere dag passief voor de televisie zit, in het weekeinde van het ene bezoek naar het andere gaat, veel saaie uitnodigingen heeft, zich op mooie en waardevolle avonden individueel in het verenigingsleven stort, mogelijk vele, zelfbevestigende baantjes in commissies waarneemt, enz., moet zich er niet over verbazen wanneer zij zich plotseling niets meer te zeggen hebben. Daarom: »Neem je noodlot vastberaden in handen, of beter gezegd, in je mond en praat! Praat over van alles, vertel spannende ervaringen, maakt niet uit wat, maar praat.« De macht van de communicatie is één van de gunstigste en meest waardevolle cadeaus die we bij de geboorte gekregen hebben. Alleen zwijgen laat de mensen uit elkaar groeien!

Ontdek de schoonheid in anderen

De dag van vandaag moet een unieke en speciale dag worden. We gaan samen op een zeer bijzondere ontdekkingsreis! »Zoek vandaag in ieder mens die je tegenkomt, iets moois!« Dit kan een eenvoudig detail zijn, zoals zijn welgevormde neus, de mooi gevormde mond, de aangename stem, de waardevolle sieraden of de goede kleding die hij/zij draagt, zijn tolerante gedrag tegenover jou of tegenover iemand anders.

Het maakt niet uit... En bekijk nu jezelf: »Hoe voel je je daarbij?« En hoe reageren die betreffende mensen daarop? Ja, ook zij zullen zich anders gedragen, omdat je mede door deze andere gedachte ook je uistraling tegenover hen verandert. Wat je uitstraalt, komt vroeger of later naar je terug!

Wat denk je van het idee, om dit „Ontdekkingssyndroom" voor altijd te gebruiken – en daardoor een altijd welkome, aangename tijdgenoot te worden? Wat denk je, hoeveel gemakkelijker dingen naar je toe komen met een dergelijke uitstraling?

Doe dat waarvoor je bang bent en het einde van de angst is in zicht

(Levenswijsheid)

Hoe vaak heb je al onaangename dingen voor je uit geschoven? Zaken, die je slechts met grote tegenzin aanpakt, waarvoor je groot respect hebt of die je van angst verlammen? Je vond duizend redenen om het vandaag niet te doen. Dat is volledig onzinnig en paradoxaal:

»Uitgestelde zaken die je permanent met je meesleept, is net alsof je een bergreis maakt, stenen verzamelt, die mee naar huis neemt en de volgende dag een andere berg beklimt met de nog gevulde rugzak van de vorige dag. Dag in, dag uit, weegt deze zwaarder en zwaarder. Het belast je en berooft je onnodig van je waardevolle kracht.«

Zeg eens eerlijk: »Bijna altijd was het dat wat je lange tijd had uitgesteld, in korte tijd opgelost en het was meestal half zo erg als gevreesd!«

Doe de belangrijke dingen vandaag, omdat ze morgen urgent worden - en achte dan op je gevoel!

De 72-uur-regel

Alles wat je je voorneemt en waarvoor je niet binnen 72 uur de eerste stap voor onderneemt of deze uitvoert, zal je zeer waarschijnlijk niet meer doen! En het ondermijnt ook nog je zelfbewustzijn.

Iedere keer wanneer je iets leuk vindt, of het nu gaat om een interessant boek, een spannend seminarium, een goede tip die iemand je geeft; doe je onmiddellijk het volgende: »Plan deze bezigheid, dit gedrag bewust, schrijf het in je agenda op en doe het, maak je eerste stap binnen 72 uur!«

Je zult zien, je zult werkelijk trots op jezelf zijn, een mens van daden in plaats van woorden te zijn. Alleen de dingen die je doet zullen werken, en niet die dingen die je nalaat of waarover je alleen maar spreekt. Op je begrafenis zal niemand memoreren wat je alles gepland en toch niet gedaan hebt. Je wordt beoordeeld op je daden. Wat wil je beslist in de komende 72 uur doen?
Doe het!

Maak je al een successendagboek?

(Bodo Schaefer)

Wat is dat?
Een successendagboek is een boek, een map of schrift, waarin je dagelijks al je grote, middelgrote en kleine successen opschrijft. Alles waar je trots op bent, dat je een goed gevoel geeft. Dingen die je consequent aanpakt en opgelost hebt, enz. Successen zoals: »Ik heb gedisciplineerd de 3 telefoongesprekken gevoerd, die ik al lange tijd had uitgesteld. Ik heb iemand anders een lief woord, een compliment gegeven. Ik heb een oude man geholpen met oversteken. Ik heb vandaag eindelijk eraan gedacht de bloemen water te geven.«

Wat voor resultaat levert dit op?
Consequent is gebaseerd op het idee je zelfvertrouwen en gevoel van eigenwaarde te versterken. En dit is iets dat bij 99% van alle mensen ergens eenmaal geleden heeft. En zij die denken dat dit geen betrekking op hen heeft, hebben het misschien het hardst nodig!

Alleen wanneer je weet wat je zoekt, kun je het vinden

De verhalen van behekste kurkentrekkers... Je staat in de keuken voor de breed geopende schuiflade, gevuld met een enorme massa aan fonkelend bestek, pollepels, messen en andere „huishoudelijke werktuigen" en je zoekt krampachtig naar een kurkentrekker.

»Ik kan hem niet vinden«... roep je naar je partner. »Jawel, hij moet erin liggen. Kijk nog maar eens«. Je zoekt vertwijfeld verder. Het is als betoverd. Je kunt die verd... kurkentrekker maar niet vinden.

»Hoe ziet ie eruit?« mopper je, ongeduldig en geprikkeld. »Hij heeft een oranje handgreep«. Op het moment dat je "oranje" hoort, zie je hem liggen. Hij lag er de hele tijd, precies voor je neus. Je hebt hem niet opgemerkt, omdat je niet wist waar je precies naar moest zoeken. Zo gaat het met alle dingen in het leven: »Alleen wanneer je weet wat je zoekt, kun je het vinden« Waar ben jij naar op zoek? Naar welke antwoorden? Hoe moet je leven eruitzien? Anders? Hoe anders? Stel je hersenen precieze vragen en je zult precieze antwoorden krijgen!

In stilte bloeien de grote dingen

Kun je zeer geconcentreerd werken, wanneer je middenin een vrolijk en gezellig feest zit? Geloof je werkelijk, dat de geboorte van grootse ideeën mogelijk is, wanneer het rondom je een chaos is? Op grond van de huidige, wetenschappelijke kennis van de hersenen is dit bijna niet mogelijk.

Gun jezelf welverdiende rust, laat het gedoe van alle dag achter je en sluit systematisch je nog open en actieve „denkhokjes"! Pas dan ben je werkelijk in staat, de „RAM", je werkgeheugen met dingen op te laden die je nodig hebt voor de prachtige geboorte van nieuwe ideeën,
creaties en projectoplossingen.

En stel nu je supercomputer doelgerichte vragen en geef hem genoeg tijd, om goed na te denken over mogelijke creatieve combinaties. Grote ideeën melden zich vaak eerst met een zacht, fijn stemmetje aan. Hoe kun je deze horen, wanneer „Lawaai en rumoer" rondom alles overstemt?

Doe alsof

In een interview werd de beroemde clown Rolf Knie eens gevraagd: »Wat gebeurt er wanneer een clown net voor een optreden een vervelend en droevig bericht krijgt? Hoe kan hij op zo'n moment nog flauwekul verkopen en ondanks dat de mensen meeslepen en aan het lachen maken?«

Zijn korte antwoord: »Doe alsof! Doe alsof je gedreven bent, alsof er niets gebeurd is, geef alles en leef je volledig in je rol in, leef met al je zintuigen. Je zult zien, al na korte tijd begin je jezelf precies zo te voelen!« Doe alsof je al de enthousiaste waardevolle mens bent, die je wilt zijn. Interesseer je voor de reizen en huizen die je jezelf wilt gunnen. Bezoek de tentoonstelingen, waar je alles vindt, dat een deel van je spannende leven gaat uitmaken. Begeef jezelf in de omgeving van mensen, die al daar zijn, waar je heen wilt. Maar let op: »Haal „doe-alsof" niet door elkaar en boek niet al vandaag de reis, bestel niet je droomauto, koop geen kleren in dure winkels, die je je op dit moment niet kunt permitteren!« Eerst in het hoofd, dan stap voor stap naar „buiten" !

Het verhaal van een ui

Je voelt het heel precies. Ergens diep in jezelf, moet er een geweldig grote knoop zitten, iets, waarmee je jezelf altijd en altijd weer in de weg staat? Je werkt aan jezelf, je ontwikkelt je en schijnt maar steeds in een rondje te draaien en nauwelijks vooruit te komen?

Dan kan de volgende vergelijking je helpen: »Ieder mens is een enorm gecompliceerd wezen met een oneindig groot aantal ervaringen, belevenissen en andere leerprocessen. Hij is als een ui!« Wanneer je de kern verstoten wil, kan het goed zijn dat je eerst nog enkele lagen moet verwijderen. Daarbij weet je helaas niet precies hoever je al vooruikt gekomen bent, daar het gewenste doel nog niet is bereikt. Hier helpt slechts: »Ga consequent door!« Je bent het waard! Wie weet, misschien ben je precies een enkele „laag" van de zeer verlangde oplossing verwijderd! Geef nooit, nooit, nooit op. Je zult anders niet ervaren hoe het kan zijn...

En bovendien hebben de uien een karaktereigenschap, waarbij ook nog tranen vloeien bij het verwijderen van hun lagen.

Alles hoort daarbij. Het harde en moeizame werk op de wijnstok heuvel, het vermoeiende oogsten van de zongerijpte druiven, het liefdevol bewerken van het waardevolle druivensap - zoals ook het genieten van de nobele druppels met hun volle smaak, na een dag hard werken.

IX.

Dingen, die het leven vergemakkelijken

Voel je je zwak? Verander je houding!

(Uit het neurolinguisitisch programmeren, NLP))

Er zijn momenten waarop we ons zwak en uitgeput voelen, dat is normaal. Het is niet normaal om dit gevoel te houden. Je kunt natuurlijk met smart op iemand wachten en hopen dat hij je iets leuks zegt, dat je weer opbeurt. Of je kunt het zelf vastberaden aanpakken.

Wat wil je?
Wanneer je het zelf wilt doen, helpt de volgende oefening: »Zit of sta rechtop, borst vooruit, schouders hoog, lach, toon je tanden, adem diep in, sluit je ogen en denk bij het uitademen aan een mooi moment in je leven en klop zeven keer op je borstbeen.« Je herhaalt het geheel tien keer. Vervolgens buig je beide armen, alsof je iemand je sterke spieren in je bovenarm wilt tonen, je ademt nogmaals diep in en zegt bij het uitademen luid en duidelijk: »jaaaaa – yeah – ik ben geweldig!« En kijk nu hoe je je voelt!

Aan wie schenk ik vandaag een lief woord?

(... vandaag eens anders ...)

Wij mensen zijn merkwaardige speciale wezens. Kritiek, „altijd welgemeend?“ – en andere „lieve tips en adviezen“ hebben we vaak snel, bijna te snel, in de mond.

Maar wanneer heb je de laatste tijd heel bewust het prikkelende, unieke en positieve in een ander mens gezocht?

Doe vandaag eens de volgende, fascinerende test: »Let er bij mensen in je omgeving, thuis en op je werk, op dingen die er voor je uitspringen, die je eerlijk loven kunt. Geef gul complimenten en fluister iemand een aardig woord in het oor. Schrijf met knalrode lippenstift aan je partner een „ik houd van je“ op de spiegel in de badkamer en kijk gespannen wat er gebeurt. Bekijk oplettend, luister aandachtig, kijk hoe je jezelf hierbij voelt en maak dan een besluit wanneer je je de volgende keer weer zo'n spannende dag gunt.« Je hebt het eerlijk verdiend!

Het geheim van het kunnen ligt in je wilskracht

Om tot „kunnen" te komen, is zelden een kunst. Je gezonde mensenverstand en de basis voor je gewenste „kunnen" reiken verder dan je denkt. De rest lukt je door te oefenen, te oefenen en nog een keer te oefenen. Wat is dus de sleutel voor consequent oefenen, wanneer het allemaal niet zo leuk is? Wat heb je nodig om pijnlijke mislukkingen te verduren en altijd weer op te staan wanneer je op de bodem van de „realiteit" gevallen bent? Niets anders dan je wilskracht! Weten doen we dat allemaal.

De vraag is alleen: »Wat kun je doen, wanneer diep binnenin een klein mannetje lijkt te zitten, die je precies op dat moment wijsmaakt dat het je allemaal niet zal lukken en dat het beter is dat je opgeeft?«

Visualiseer nu eens wat mogelijk is wanneer je nu doorzet. Hoe je leven eruit zal zien, wanneer je je doel hebt bereikt. Het kan toch zijn dat je nu nog slechts een enkele stap van het verlangde succes verwijderd bent? Je zou het je nooit vergeven als je nu opgeeft.

Doe goed en spreek erover

(Peter Suter)

Houd de volgorde aan, omdat deze beslissend is: »Eerst doen en vervolgens erover spreken!« En niet, zoals veel mensen doen, eerst alles erover vertellen – en vervolgens doen ze het helemaal niet. Wie eerst begint met erover te spreken, zoekt nog bevestiging. Hij is nog niet zeker van zijn zaak.

Waarschuwing: »Dat is het gevaarlijkste moment in het leven van je idee!«

Wanneer er nu iemand komt en daaraan twijfelt, dan gebeurt het vaak dat de mooiste ideeën al in de kiem worden gesmoord. Er sluipt knagende twijfel in je! Helemaal anders en buitengewoon doeltreffender is het, na volbracht werk erover te spreken! Dit betekent, een zaak energie geven, om enthousiasme, ja misschien zelfs een beetje jaloezie op te wekken en deze energie te vergroten en uit te breiden in anderen – en niet om egoïstisch in het middelpunt te staan. Het is alleen nog de vraag, wanneer en hoe je erover spreekt!
Overigens: »Jaloezie moet verdiend worden!«

Ruzie, woede, haat en nijd - hoe anderen je energie stelen

(Voorspellingen van Celestine – de derde)

Wanneer je ruzie maakt, je ergert, wanneer je kwaad of nijdig bent, vloeit je waardevolle energie onmiddellijk naar de persoon die betrekking op je ruzie, je woede, je nijd heeft.

Bekijk de volgende keer aandachtig, hoe je jezelf na zo'n energievretend voorval voelt. Voel je je sterk, evenwichtig en vol tomeloze energie? Dat denk ik niet.

Wanneer je zelf nog eens in zo'n situatie terechtkomt, test je de volgende doeltreffende ideeën. Omarm de andere met liefde en zeg hem: »Wanneer je energie nodig hebt, dan kun je die ook van mij krijgen«. Wanneer dit niet mogelijk is, adem dan diep in en zeg of denk: »Ik heb me erg geërgerd en ben woedend geworden, maar ik vindt hem/haar/het ondanks dat mooi en sympathiek«. Moeilijk? Misschien, maar het heeft een verbazingwekkende werking!

Diegene die bang is, heeft al verloren!

Angst kan één van de gemeenste, en krachtigste en knagende gevoelens zijn die we kennen. Het kan je echter ook beschermen of je aansporen. Welke oorsprong heeft je angst? Motiveert het je, moedig door te gaan - of verlamt het je?

Beantwoord de volgende vragen:

- Ben je in een één of andere vorm bang of heb je twijfel over een mogelijk resultaat?
- Bestaan er andere angsten, zorgen of twijfels?
- Hoe ziet je leven eruit wanneer dat, waar je bang voor bent, definitief niet voorkomt?
- Wat zou het ergste zijn dat kan gebeuren, wanneer wat ik vrees echt zou gebeuren?
- Is het werkelijk zo erg?
- Wat kun je nu meteen doen om deze overwegingen en angst af te bouwen en los te laten?

»Bang zijn voor - betekent dat je je op het verkeerde concentreert! Je richt je energie op iets, dat je niet wilt hebben!«

Diegene die andere mensen niet vergeeft, heeft zelf zorgen en werk

Wij mensen zijn toch speciale wezens. Hoe vaak ergeren wij ons en dragen deze ergernis nog jarenlang op anderen over? En wie heeft bij het „blijven wrokken" heel veel werk - de ander of jij? Geen enkel dier zou zich zo gedragen.

Goed nieuws: »Er bestaat een oplossing - deze draagt de naam „vergeven"!« Hoewel bijzonder doeltreffend, schijnt het één van de moeilijkste dingen te zijn die we kennen. Daarbij moet ik toevoegen dat het vergeven uitermate gezond is! Wanneer we niet vergeven zorgt dit voor innerlijke verkrampingen, zweren of zelfs kanker!

Wil je dat? Ik weet het, het is gemakkelijker gezegd dan gedaan en wanneer het erop aan komt kan het zo vervloekt moeilijk zijn. Probeer daarom eens het volgende: »Stel je voor dat je innerlijke liefdevolle kind in gedachten het innerlijke kind van de andere mens vergeeft, hem de hand schudt en hem om vergeving vraagt voor de zaken xyz«. Of het werk? Test het!

Alles is moeilijk, voordat het gemakkelijk wordt

Hoe vaak hebben mensen je al gezegd: »Wat is dat moeilijk zeg, wat je doet. Dat zou ik nooit kunnen!« En heb jij tegengeworpen: »Ach, nee, dat is heel gemakkelijk.« Waarom? Omdat je het kunt, omdat je het beheerst, lijkt het je gemakkelijk.

Zo gaat het met alle dingen in het leven. In het begin lijken ze ons moeilijk, omdat we ze nog niet beheersen. Maar hoe meer we oefenen, hoe gemakkelijker en eenvoudiger het wordt. We kunnen zelfs nog heel wat andere uitdagingen aannemen.

Het maakt niet uit wat je van plan bent: »Het zal, het moet je zelfs in het begin moeilijk lijken.« Wanneer dit niet het geval is, is het doel, de wens, de droom, de uitdaging te klein. Je kunt alleen maar groeien met dingen die je uitdagen. Zij zullen je stimuleren!

Je verdient het, met een gerust geweten te genieten van de balans tussen werk en plezier

Zijn we helemaal gek geworden? We werken en ploeteren dag en nacht en gunnen onszelf geen pauzes. Vaak blijft daarbij ook nog familie, vrienden en het eten achterwege. En wanneer we ons dan één keer de luxe gunnen om pas 's middags op het werk te komen, plaagt ons geweten ons. Dat is toch geen leven?

We weten toch dat we de pauzes verdiend hebben, maar diep van binnen is er zo'n opdringerige zachte stem, die ons met succes steeds weer een onaangenaam gevoel influistert.

Heb je dit bij jezelf ook al ontdekt, of ken je iemand die zo is? Dan is het tijd voor de suggestie: „Ik verdien het, met een goed geweten te profiteren van de balans tussen werk en genieten." Schrijf het op een kaartje en spreek het minstens 50 keer 's ochtends hardop op. Doe het gedurende 4 weken en je zult verbaasd zijn!

Heb je al een droomalbum?

(Bodo Schaefer)

Nee? Dan wordt het hoog tijd! Begin meteen vandaag aan je persoonlijke droomalbum. Verzamel afbeeldingen van alle zaken die je voor jezelf wenst. Schrijf op wat belangrijk voor je is, wat je in je prachtige en spannende leven wilt „toevoegen". Schilder het levendig en krachtig in gedachten, in je dagdromen. Maak een collage met deze afbeeldingen en bekijk deze dagelijks meerdere malen:

»Dit wordt je leven.« Automatisch? Nee, maar in je hoofd vorm je hier zo een resonantiebasis voor. En dat is de hoofdvoorwaarde opdat dit vervulde leven, deze levensdroom realiteit kan worden.

De domoor ziet alleen de beelden en denkt: »Jammer, het zal waarschijnlijk nooit werkelijkheid worden.« De pientere vraagt zich af: »Hoe zou ik dat kunnen bereiken?« De slimmerik heeft al een plan en de aller-slimste vraagt: »Wat kan ik vandaag doen, om...?«

Als het een aap is die erin kijkt, kan er geen apostel uit terugkijken

(Lichtenberg – over Fysiognomie)

Als het een verliezer is die in de spiegel kijkt, kan er geen winnaar uit terugkijken. Als het een lelijkerd is die erin kijkt, kan er nooit een mooi mens uit terugkijken. Wanneer het een arbeider is die erin kijkt, kan er geen CEO uit terugkijken. Wanneer het een driftkikker is die erin kijkt kan er geen vrolijke Frans uit terugkijken. Wanneer het een arm mens is die erin kijkt, kan er geen miljonair uit terugkijken. Je ziet het, het is overal hetzelfde.

Je zult altijd dat resultaat krijgen, wat je verwacht, wat je van jezelf denkt, en hoe je je voelt! Verander je gedachten, verander je mening van jezelf, verander je instelling en jij zult er ook uit gaan zien als de persoon die je wilt zijn. Doe dit net zolang, totdat je diep in je hart voelt, wat je wilt zien. De stap daarheen is korter en gemakkelijker als je vandaag denkt.

Ja, je bent echt super. Je bent fantastisch. Je bent belangrijk!

Heb jij je aan iemand geërgerd?

Wij mensen zijn opmerkelijke speciale wezens. We laten het altijd weer toe ons te ergeren. Dit noemen we niet anders dan: »We kiezen onze ergerlijke gevoelens!« Daarnaast is de paradox ervan al in onze eigen woorden te herkennen! We hebben de gewoonte te zeggen: »Ik heb me geërgerd!« Ik heb mezelf geërgerd! Dat is ongelooflijk! Geen mens in de wereld kan je ergeren, wanneer je dit niet toelaat. Je moet het zelf doen. Desondanks geven we andere altijd weer macht over onze gevoelens! Wees eerlijk: »Hoe voel je je, wanneer je je geërgerd hebt?« Vol energie, krachtig, gemotiveerd of zonder energie, krachteloos, eerder gedemotiveerd? Het beste wat je nu meteen kunt doen, is, je het volgende voornemen: »Vandaag erger ik me niet.« Of positief uitgedrukt: »Vandaag blijf ik rustig en gelaten. Ik controleer mijn gevoel zelf, het maakt niet uit wat er gebeurt!« En wanneer je je toch weer ergert, wen jezelf er dan aan, toch een positieve opmerking toe te voegen. Bijvoorbeeld: »Mens, is dat een k……., maar hij rijdt in een mooie auto, dat moet ik hem nageven.« Waarvoor dit goed is? Met deze opmerking raken je hersenen niet achteraf verstrikt in iets onaangenaams en je voelt je gelijk beter. Test het. Het werkt echt!

Woedend of driftig?

Test vervolgens een keer het volgende patent recept: Stel je in gedachten deze mens of deze situatie voor en zeg tegen jezelf: »Vrede is met je!« Je zult zien, het gaat gelijk veel beter met je en er ontstaat een rustig aangenaam gevoel in je binnenste! Het klinkt vreemd, ja misschien bijna mysterieus, maar het is het niet. In het NLP noemt men deze vorm van verankering „chaining-anchor".

Je hersenen maken op dit moment een koppeling met deze heel speciale zin, die ons reeds met tevredene, en aangename gevoelens verbinden. De werking is juist zo indrukwekkend, omdat deze korte zin al miljoenen zelfs miljarden keren gebruikt en uitgesproken is, en iedere week weer uitgesproken wordt.

Kwantumfysisch gezien haak je in op een zogezegd hoog aangeschreven en diep verankerd resonantie patroon. Of het werkelijk werkt? Alleen je eigen test kan het bewijzen. „Vrede is met je!"

Loslaten - maar hoe?

Loslaten kan betekenen:

- Accepteer je IS-toestand! Het is zoals het is. Je kunt het verleden niet veranderen. Maar de manier en de wijze waarop je daar vandaag aan denkt, beïnv loedt wezenlijk je toekomst!
- Veroordeel niet! Veroordelen betekent »niet accepteren«, eraan vasthouden, de zaak energie geven.
- Concentreer je niet op een bepaalde weg! Dit betekent afbakenen. Een duidelijk doel? Ja! Maar de weg moet flexibel blijven.
- Twijfel niet aan het bereiken van je doel. Stel jezelf daarom doelen waarin je geloven kunt!
- Geef alles uit je leven door wat je niet meer gebruikt, wat je bijvoorbeeld sinds een jaar niet meer gebruikt hebt. Dit betekent plaats maken voor het nieuwe, voor het verwachte.
- Je moet niet „gelijk-willen-hebben“, om te bewijzen, dat anderen „ongelijk“ hebben.
- Bevrijd je van „moeten-overwinnen!“ Hoe meer je bijvoorbeeld tijdens een spel kunt loslaten, hoe groter je kans is, paradoxaal genoeg, om te winnen.

Sneller leren? Door modelleren!

Wanneer heb je je grootste en snelste leervooruitgang van je leven gemaakt? Juist, dat was toen je nog als baby, en later als kind, net als een droge spons alles hebt opgezogen en nieuwsgierig, vol weetgierigheid de wereld hebt verkend. Je leerde eten, spreken, gaan, lopen, telefoneren, je in speciale situaties op een bepaalde manier te gedragen.

En hoe heb je dit geleerd? Je hebt naar je ouders gekeken, je omgeving bestudeerd en heel eenvoudig alles nagedaan, zolang tot het je ook lukte. In het NLP noemen we dit: »Je hebt gemodelleerd!«

Dat functioneert vandaag nog net zo goed als in je kindertijd. Je wilt succesvol zijn in tennis, golf, atletiek, voetbal, in je beroep? Zoek dan naar voorbeelden, mensen, die, dat wat je wilt leren, al beheersen en modelleer deze. Doe ze na. Gedraag je net zo. Wend je dezelfde dingen aan en je zult hetzelfde succes behalen. Wie en wat wil je zijn?

Heb je nu meteen meer energie nodig?

Drink vervolgens 2 tot 3 liter water per dag. Wij mensen bestaan al voor meer dan 70% uit water. Dan is het logisch, dat ons lichaam hiernaar het meest verlangt. Genoeg water betekent: »Betere spijsvertering, dunner bloed, je zenuwen geleiden beter, je krijgt een helder hoofd en je voelt je vitaler en in staat veel te presteren.« Het neveneffect kan zijn, dat je daardoor van je lang gedulde, knallende hoofdpijn af bent, (als je die eventueel hebt...) omdat deze vaak slechts een gevolg is van te weinig, fris, helder water.

En dan praten we nu over zuurstof: Wanneer je je de volgende keer zwak en zonder kracht voelt, test je het volgende: »Adem diep in terwijl je langzaam tot 6 telt, houd je adem in en tel daarbij tot 24, dan adem je langzaam uit en tel daarbij tot 12.« Je doet dit geheel 3 keer. Een licht gevoel van duizeligheid kan gedurende een korte tijd het gevolg zijn. Daarna zul je jezelf zeker fitter voelen. Of het helpt? »Gewoon uitproberen!«

Für Business u. Privat

UNSERE BESTSELLER

Erkenntnisse - Ideen - Rezepte

FRANZ X. BÜHLER

Als Mental-Trainer versteht er es mit einfachen Worten sehr komplexe Dinge und Zusammenhänge so zu vermitteln, dass die Menschen sie begreifen und die Erklärungen ein zartes Leuchten des Verstehens in ihre Augen zaubern.

VOM KOPF INS HERZ
Der Bestseller in 5 Sprachen

Wir kennen sie, die weisen und tiefgründigen Zitate großer Dichter und Philosophen, die Volksweisheiten. Bleibt oft nur die Frage: Wie umsetzen?

Das Buch beschreibt und erklärt in lockerer, leichter und spannender Art deren tiefere Bedeutung.

ISBN 978-3-941633-10-0 (Deutsch)

Auch als Ebook erhältlich!

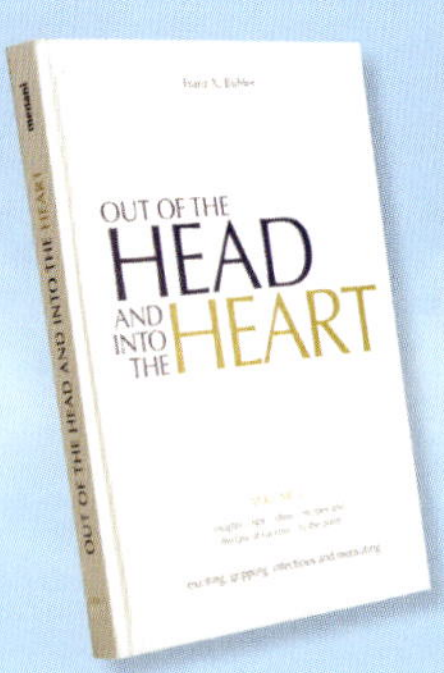

ENGLISCH
ISBN 978-3-941633-12-4

ITALIENISCH
ISBN 978-3-941633-13-1

FRANZÖSISCH
ISBN 978-3-941633-20-9

NIEDERLÄNDISCH
ISBN 978-3-941633-19-3

MEHR... VOM KOPF INS HERZ
Die Fortsetzung des Erfolgs-Buchs

Weitere 116 Tipps, Ideen und Rezepte auf den Punkt gebracht, zum Entdecken der inneren und äußeren Reichtümer unseres Lebens.

ISBN 978-3-941633-11-7

Highlight

DAS DOPPELBUCH: Zwei Bestseller in einem

Ein Buch mit zwei Büchern in einem Einband - ein ausgefallenes Geschenk für Menschen, die sich auf der Reise durchs Leben befinden

HEUTE, HIER, JETZT -
Ein Reiseführer durchs Leben

Lesen ist eine Reise. Wir machen uns auf den Weg, entdecken viel Schönes und danach fühlen wir uns reicher, erfüllt und inspiriert für das eigene Leben.

Wir öffnen den Blick für unser Wohlbefinden, für Körper, Geist und Seele.

Wir erhöhen die Aufmerksamkeit und Wertschätzung für unser Zusammenleben, unseren Lebensraum, für Natur und Kultur.

Nehmen wir uns die Zeit, die wir brauchen, erkennen wir das Wesentliche für uns alle!

ISBN 978-3-941633-24-7
Auch als Ebook erhältlich!

KATHARINA THOR

Sie liebt das Nachdenken, das Lesen und Schreiben, das Lachen, das Tanzen und die Natur. Der Mensch und sein Platz im Leben, das Leben auf dem Land und nicht zuletzt ihre kleine Familie sind ihre Leidenschaften.

Für Business u. Privat

UNSERE BESTSELLER

Erkenntnisse - Ideen - Rezepte

HEIKE HOLZ

Sie ist Expertin für Kommunikation, authentisches Auftreten und wertschätzende Umgangsformen.
Ihre Philosophie einer ganzheitlichen Persönlichkeitsentwicklung steht im Zentrum der von ihr entwickelten „KNIPS-DEIN-LICHT-AN"-Methode.

GLÜCKLICH SEIN VERLEIHT FLÜGEL

So geht es besser mit Dir und den anderen.

Überprüfen Sie Ihre Gewohnheiten und Denkmuster mit 50 wertvollen Profi -Tipps. Mit kleinen Schritten erreichen Sie spürbare Veränderungen und werden innerlich zufriedener, motivierter und glücklicher.

Erleben Sie mehr Freude im Umgang mit sich und den anderen.

ISBN 978-3-941633-47-6

Auch als Ebook erhältlich!

KLEINE SCHRITTE GROSSE VERÄNDERUNG

So geht es besser mit Dir und den anderen

Überprüfen Sie Ihre Gewohnheiten und Denkmuster mit 50 wertvollen Profi-Tipps. Mit kleinen Schritten erreichen Sie spürbare Veränderungen und werden innerlich zufriedener, motivierter und glücklicher.

Erleben Sie mehr Freude im Umgang mit sich und den anderen.

ISBN 978-3-941633-48-3

KNIPS DEIN LICHT AN

Mit Lebendigkeit und Leichtigkeit durchs Leben

Mit über 50 wertvollen, leicht umsetzbaren Profi -Tipps ist dieses Buch wie eine Reise zu Ihren persönlichen Möglichkeiten.
Bringen Sie Licht und Lebenssinn in Ihr Leben. Spüren Sie wieder echte Lebensfreude und Begeisterung. Denn: Ein glückliches, erfülltes, erfolgreiches Leben ist Ihr Geburtsrecht!

ISBN 978-3-941633-49-0

onesome
onesome
Ihre ganz persönliche Entdeckungsreise.
Gehen Sie Ihr nächstes Abenteuer an und lernen sich durch digitales Coaching selbst besser kennen. Entdecken Sie Ihr inneres Selbst mit all den Stärken und Potenzialen und finden Sie heraus, wohin Sie wirklich möchten.

Für Business u. Privat

UNSERE MINIBÜCHER
Zitate, Weisheiten, Anregungen

BEGEISTERUNG
Zitate, Weisheiten, Anregungen

Begeisterung ist eine der höchstbezahlten Eigenschaften der Welt.

ISBN 978-3-941633-09-4

DANKE
Zitate, Weisheiten, Anregungen

Danke - das Leben ist ein wertvoller Schatz in einer unendlichen Schatzkammer. Ein Schlüssel dazu ist die Dankbarkeit.

ISBN 978-3-941633-01-8

EINFACH SO
Zitate, Weisheiten, Anregungen

Einfach so möchte ich Dir sagen: „Es ist schön, dass es Dich gibt."

ISBN 978-3-941633-03-2

ERFOLG
Zitate, Weisheiten, Anregungen

Je schwerer es uns fällt, umso glücklicher macht es, wenn man es geschafft hat.

ISBN 978-3-941633-07-0

GEDANKEN
zur Lebensfreude

Erst durch Nachdenken zeigt sich mancher Sinn, erschließt sich ein Weg – zeigt sich Gewinn.

ISBN 978-3-941633-31-5

GLÜCKLICH
Gedanken zur Lebensfreude

Das Leben ist ein wertvoller Schatz in der unendlichen Schatzkammer. Ein Schlüssel dazu ist die Dankbarkeit

ISBN 978-3-941633-33-9

GOLF IST MEHR...

Zitate, Weisheiten, Anregungen

Golf und Sex sind wahrscheinlich die einzigen Dinge, die Spaß machen, selbst wenn man nicht wahnsinnig gut darin ist.

ISBN 978-3-941633-06-3

HERZLICH WILLKOMMEN

Zitate, Weisheiten, Anregungen

Welch schöneres Kompliment kann es geben, als dich willkommen zu heißen in meinem Leben.

ISBN 978-3-941633-00-1

IM HERZEN EIN MENSCH

Witzig, spritzig, hintergründig

Denn wer sich nicht mehr hetzen lässt, der wirkt als Mensch auch endlich echt.

ISBN 978-3-941633-45-2

INSPIRATIONEN

Gedanken zur Lebensfreude

Es geht nicht alles gerade im Leben, aber dies verschafft uns manch anderen Blickwinkel.

ISBN 978-3-941633-32-2

KOPF HOCH - DU SCHAFFST ES!

Zitate, Weisheiten, Anregungen

Auf jeden Fall schenkt dir dieses Büchlein jemand, dem es nicht egal ist, wie es dir geht...
Glaub an dich! Du schaffst es!

ISBN 978-3-941633-36-0

LIEBE

Zitate, Weisheiten, Anregungen

Ein Rezept für Frieden auf der Welt – Liebe deinen Nächsten wie dich selbst.

ISBN 978-3-941633-17-9

Für Business u. Privat

UNSERE MINIBÜCHER
Zitate, Weisheiten, Anregungen

MEHR... GLANZLICHTER
Best of: Mehr... Vom Kopf ins Herz

„Mehr... Glanzlichter" beinhaltet noch mehr spannende und inspirierende Tipps für den Leser.

ISBN 978-3-941633-43-8

WUNSCHPERLEN
Gedanken zur Lebensfreude

Diese vielen guten Wünsche sind für Dich und kommen von Herzen.

ISBN 978-3-941633-34-6

GESCHENKBOX
mit Minibuch und persönlichem Gruß

Unsere Buchgeschenke sind persönliche Werbeträger mit Langzeitwirkung, werden immer wieder gerne zur Hand genommen, erinnern immer wieder an den Schenkenden und sind für jeden Geschmack, jede Altersgruppe, jede Gelegenheit das Richtige.

Größe: 144 mm x 144 mm x 23 mm
Klappkarte mit persönlichem Gruß, frei wählbares Minibuch.

PERSÖNLICHES BUCH
mit hauseigener Präsentation

Verschenken Sie Ihr persönliches kleines Büchlein mit Ihrer eigenen Unternehmens-Präsentation auf den ersten vier Seiten.

Gerne lassen wir Ihre Gestaltungwünsche professionell umsetzen - für einen perfekten, bleibenden Eindruck. Fragen Sie bei uns an!

www.menani.com

Minis international

in bis zu fünf Sprachen erhältlich

Danke

THANK YOU (EN)
Quotations, Wisdom, Stimuli

Thank you – Life is a valuable treasure in an endless treasure chamber. The key to which is thankfulness.

ISBN 978-3-941633-18-6

GRAZIE (IT)
Citazioni, Saggezze, Spunti

Grazie - la vita è un tesoro prezioso in una sala del tesoro immensa. Una chiave per entrarvi è la gratitudine.

ISBN 978-3-941633-23-0

MERCI (FR)
Citations, Sagesses, Idées

Merci - est un trésor précieux dans un coffret inépuisable. Sa clé, la gratitude.

ISBN 978-3-941633-37-7

Glanzlichter

GIOIELLI (IT)
Best of Dalla mente al cuore

„Gioielli" è un libricino con pensieri d'ispirazione e di motivazione. Esso fa brillare gli occhi di ogni lettore.

ISBN 978-3-941633-40-7

LES PHARES (FR)
Best of De la tête au cœur

« Les phares » est un petit livre avec des pensées inspirantes et motivantes. Il flatte les yeux de chaque lecteur.

ISBN 978-3-941633-41-4

SCHITTERLICHTEN (NL)
Het beste uit Van het hoofd in het hart

„Schitterlichten" is een boekje met inspirerende en motiverende gedachtes. Het laat de ogen van iedere lezer schitteren.

ISBN 978-3-941633-42-1

News: Softcover-Bücher

GESUNDHEIT
Zitate, Weisheiten, Anregungen

Die Gesundheit ist ein Geschenk. Hege und Pflege sie behutsam und liebevoll.

ISBN 978-3-941633-04-9

GLANZLICHTER
Zitate, Weisheiten, Anregungen

Glanzlichter ist ein Büchlein mit inspirierenden und motivierenden Gedanken.

ISBN 978-3-941633-38-4

TROST & TRAUER
Zitate, Weisheiten, Anregungen

Trauer zu zeigen und dazu zu stehen, das ist wahre Stärke!

ISBN 978-3-941633-05-6

Special

Kommunikationsbuch:
Kommunikation ist unser Leben

Wir tauschen Wissen, Meinungen und Gefühle aus und versuchen zuverstehen, was der andere denkt und fühlt. Ob im Beruf oder im alltäglichen Leben: Wir befinden uns ständig in Kommunikation mit anderen Menschen. Wir erleben jeden Tag, wie sichtig es ist, mit unserem Partner richtig zu kommunizieren, um eine harmonische Beziehung führen zu können. Im Beruf wollen wir ein gutes Miteinander mit unseren Kollegen und Mitarbeitern führen, an einem Strang ziehen, um erfolgreich sein zu können.

Willst auch du lernen, wie du besser mit deinen Mitmnschen kommunizierst, Missverständnisse, Streit und Diskussionen ganz einfach aus der Welt schaffen kannst und damit Harmonie und Lebensqualität gewinnst?

www.menani.com